あなたの中の「Pure《ピュア》 Spirit《スピリット》」

目に見えない世界と現実の関係

はじめに

まだ、お会いしたことはないけれど繋がっているあなたへ

この本を手に取っていただき、ありがとうございます。

「本当のことが知りたい、本当の愛って何？」

幼いころから、ずっと心の奥深くにそんな疑問を持ちながら、追い求めながら生きてきました。平凡な家庭に生まれ、何の取り柄もない私が、今こうして原稿を書いているという状況に、改めて人生の不思議さや無限の可能性を感じています。数年前まで、周りで起きる出来事に振り回され、人生に希望など持てなかった私がどうやって現実を変えていったのか？

私の場合は、夫の病気と失業による家計の危機、そして「5年生存率の該当者」になったところで「人生の目覚まし時計」が鳴りました。皆さんの目覚まし時計はいつ鳴るのでしょう？

この本を手に取っていただいたということは、「まあまあ幸せだけど、悩みもあるし我慢していることがある」「人生もう少しうまくいく方法があるんじゃないか？」という方や、「目に見えな

い世界と繋がりたい」という、プチスピリットに目覚めた方がほとんどだと思います。私も生まれてから38年間はそんな雲を掴むような気持ちで、何も知らないままそのままの人生が続くと疑わずに生活していました。いわゆる、夢の中…だったのです。

本当の幸せを味わうには、まずは目を覚まさないといけません。そして、そのほとんどは「まさかの出来事」という形でやってきます。具体的には、病気・離婚・破産・災害・失職・失恋・事故など、どれも起こってほしくない出来事ばかり…。でも、私の周りにいる「幸せな人たち」は皆、これらの大変な状況を経験し乗り越えて、ピンチをチャンスに変えた人たちばかりです。それを知ると、悪いことのように思われる出来事も「ありがたい人生の目覚まし時計」だということに気が付きます。努力で困難を乗り越える根性論ではありません。辛抱や根性がなくても目に見えない力を使って、現実とのバランスを身につけながら、新しい自分と出会っていくことができるのです。現実の在り方と波動の質、その融合こそが、これからの生き方の本質となっていくことでしょう。特別なスピリチュアリティーがなくても、あなたの中にある純粋な神性(ピュア・スピリット)に気付き、パワーに基づいて現実を生きることで、あなたの望む人生を創っていける真実を知ってください。この本を読み終えたあなたが、ピュア・スピリットと繋がりますように…。

Contents

【第一章】突然のウェイクアップコール

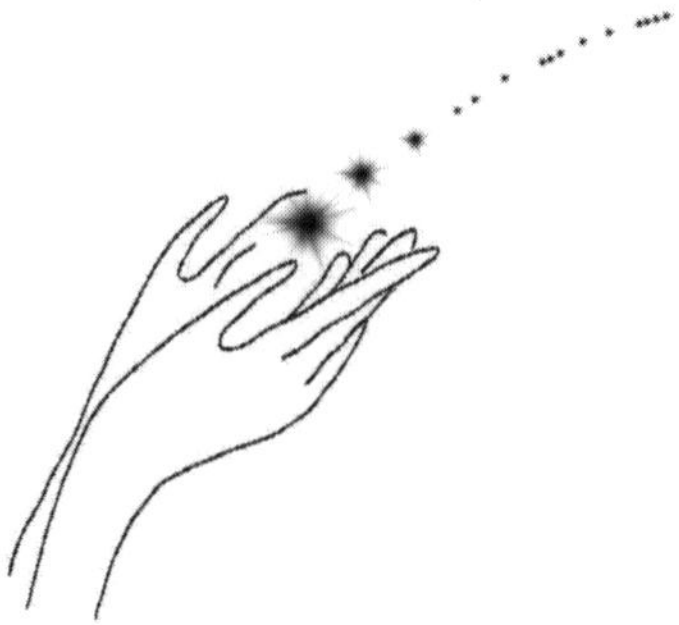

＊神様っているの？

私の母は、警察官だった厳格な祖父と呉服屋で働く華やかな祖母のもとに生まれ、5人姉妹の下から2番目という環境で育ちました。私の父となる人は、両親がおらず宮崎の孤児院で育ち、就職で名古屋に出てきて母と知り合ったそうです。二人の仲は、なかなか周囲から認めてもらえず、母は実家を飛び出して駆け落ち同然に結婚しました。そんな両親の長女として私はこの世に生を受けたのですが、祖母の実家は岐阜県では名の通ったお寺で、父が育った孤児院はキリスト教系の学校でしたので、幼いころから、生活の中に自然に神様の存在がいたように思います。昔の写真を見ると、聖書に向かってお祈りをする幼い私がいます。この子が歩む、これからの人生の道のりの意味深さに、言葉では表せない愛おしさを感じずにはいられません。

小学生になると、そんな信仰心も忘れてしまい、中学・高校ではごく普通で目立たなくおとなしい学生でした。ただひとつ、3歳から続けていたエレクトーンだけは高校時代に講師の資格までとり、頑張っていた記憶があります。そのころ両親が離婚して、6歳下の弟と私は母親に引き取られました。30代後半だった母は、小さな居酒屋を営みながら私と弟を育ててくれました。

私は高校を卒業後、家の近所の会社へ事務員として就職し夜は母の店を手伝うという生活でしたが、中学生だった弟はいわゆるやんちゃな性格で、高校にあがるころには立派な不良へと成長していました。何度、母が警察まで迎えに行ったことでしょう。私も弟が心配で、何とか救ってあげたいと思っていたときに街角でアンケートに答えたことから、ある宗教に関わることになりました。

今でも覚えています。「今何か悩み事はありますか？　あなたができることの最大限を神に差し出せば、その悩みは解消されます」。その一言に世間知らずな小娘だった私は、一生懸命に働いて貯めた150万円を母と弟のために何の疑いもなく献金したのです。その後も、その団体の斡旋で印鑑や指輪を購入していました。するといよいよ母が私の不審な行動に気付き、大人たちの力を借りてやっと離れることができました。その事件から何年かあとに、その宗教団体が世間を賑わせたことがあり、結局まともな団体ではなかった訳ですが、当時熱心に気持ちをかけてくれた同世代の信者の女の子は、とても純真な良い子でした。そうなのです、どんな宗教でも信仰している人たち自体は決して悪い人ではなく、その人たちにとってはその教義は正しくて、生きるための道しるべとなる大切なものなのです。ただ、「宗教にはまる人たち」として世間から、良く言われないのは、信仰する方たちの依存体質が原因ではないかと私は思います。世知辛さを何かのせいにして、その宗教団体に属していれば救われると思い、依存している場合があるのです。とはいえ、カルト宗教以外は、どの宗教も人の道から外れるような教義ではありませんから、無神論者の方よりも信仰のある方のほうが、ブレない人生観を持っているとも思います。

その後、親しい友人から2〜3回他の宗教に誘われました。どの友人も良い人で善意からの勧誘だとわかりましたし、私自身も真実を求めていましたので、それぞれにきちんと向かい合い学んでいました。でもある程度学びが進むと、いつも同じ疑問が湧いてきました…。どの宗教も教えている「私たちこそが本物である。他は偽物である」という言葉。私の中で神様は一つであり、ましてや優劣などジャッジしたくないという思いがありました。そんな割り切れない気持ちを持ったまま信仰し続けることが難しくて、だんだん足が遠のいてしまいました。ただ、**人生において信仰を持つということの大切さと、人それぞれの信仰や考え方は自由であるということを学ばせていただきました。**

いろいろな経験を経たうえで、今やっとわかったことがあります。ご先祖様を敬うという宗教観はとても大切ですが、何かを偶像化して神だと祀ることよりも、自分の中に本当の答えがあり、それを見出し信じる…。そう、自分の神性を信じることが、自分らしい人生を歩むうえでの鍵となっているのです。外に救いを求めるのではなく、自分の内面と対話してください。精神の自立こそが、本当のスピリチュアルな世界へと繋がっています。あなたの中に神様がいるのですから。

私も最初はその意味がわかりませんでした。そもそも私にとっての神様は、「悪いことをしたら罰を与えられる」「天国行きか地獄行きかいつもジャッジしている」など、雲の上から監視している道徳の先生のような存在でした。だから、いつも怯えていました。でも実はそうではありません。神様といわれる存在は、私たちのすることにはすべてＯＫサインを出し、私たちが幸せになるように、人生を楽しめるようにさりげなく道を創って誘導し、時には直感を使ってメッセージを送ってくれる、とても大らかな温かいエネルギーなのです。基本的に私たちは、生まれたときから良くなるようにできていることを信じてみてください。小さな種が芽をだし花を咲かせ実を結ぶように、大自然の法則の中で命を育んでいるのです。あなた自身も、紛れもなくその一部でしょう。あなたの中にあなたの神性が存在します。

＊病気からのメッセージ

「ガンかもしれないので精密検査をしてください。総合病院への紹介状をだしますね」

息子を産んだ近所の産婦人科の主治医が私に告げました。ほんのちょっとした偶然から受けた検診での思わぬ結果に、事の次第を受け止めきれなくて、夢であってほしいと願い眠りについても、目が覚めると変わらぬ現実…。娘が中学2年生、息子はまだ小学校の低学年で私は38歳、生まれて初めて「自分の死」と向かい合うことになりました。

自分が死んでしまうかもしれないという恐怖の中に、人はいろいろな人格を見つけます。私は自分の弱さに驚きました。家族にはわがままになるし、お見舞いに来てくれた友人の気持ちをうれしいと思いながらも、心のどこかで妬んだり、人の優しさも素直に喜べなくて意固地になってしまう自分がいました。身体が病気だと心まで病気になってしまいます。そんな現実に直面したときに、「どうして私ばかりが…」と絶望の深い谷底まで落ちきって、被害者・犠牲者意識で苦しみ続けていくのか、「この状況は私に何を伝えたいのだろう…」と視点を切り替えて前向きにとらえてみるのか、同じ病状でも考え方を変えるとその後の状況は同じではありません。

私は不安と恐怖の中で手術を受け、悪いところを取り除いてもらいました。しかし、「完治ではないので、毎月検査にきてください」という形での退院で、5年生存率何%という表を見たときに、人生観が変わりました。その気付きこそが、私の病気に込められたメッセージだったのです。

自分があと5年しか生きられないとしたら…。日々を大切に生きよう。一瞬一瞬を味わい楽しもう。ご縁があって出会った人を大事にして好きなことをしよう。そしてチャレンジしよう。くよくよしたり、いがみ合ったりしている時間はもったいない。自分らしく、今を幸せに過ごそう！ そして、自分がいなくなった後、子どもにお金を残すために稼がないと！ さあ、限られた時間の中で、どこまでできるか？ 総合病院の大きな自動ドアが開いて、真っ青な青空に目が眩んだ瞬間、私は生まれ変わったのです。それからの私が、どんな決断をして人生がどう変わっていったかは、後の章で詳しくお伝えします。人生が変っていくのを実感していただくには、「あなたの人生はあと5年で終わります」と告げられたときの気持ちになり、行動することです。今お子さんは何歳ですか？ 家族はどうされますか？ 家計の状況は？ 保険はいくらおりますか？ やり残したことは？ 行ってみたかったところは？ そして死んでしまう瞬間、何を思うでしょう？ 私は、最後の瞬間に後悔だけはしたくありません。「人生やり切った！ ありがとう！」と、伸びをしながら爽やかに旅立ちたいです。

すべての人に、いつでもメッセージが送られてきています。その受信力を磨くコツは、日々前向きに希望を持って生活をすること、自分を信じて他人も尊重し、決して排他的な考えを持たないこと、被害者意識から卒業して自分の人生はすべて自分で選択をしてきた結果と知ること。当たり前な毎日をきちんと丁寧に生きる中で、起こる出来事に意味を見出したとき、それがあなたへのメッセージとなることでしょう。

*細胞とのおしゃべり(二度目の宣告)

子宮ガンの疑いという検査結果が出て、悪いところを切り取ってとりあえず様子見という状況の中で、不思議な体験をしたことがあります。喉元すぎればなんとやら…で、忙しい生活を言い訳として主治医での定期検診もおざなりになりつつあったある日、一応念のためと近くの産婦人科に検診に行きました。1週間後、軽い気持ちで結果を聞きに行くと、「前回とは違うタイプの正常ではない細胞が出ています。子宮腺ガンという珍しいタイプのガンなので総合病院で精密検査を受けてください」と、耳を疑いたくなる結果と共に紹介状を手渡されました。

ですが、前回とは違い不思議に冷静。なぜか「そう来たかぁ」と、他人事のように思ったことを覚えています。そのころの私は、シングルマザーとして子どもと自分のために一生懸命働き、やっとある程度経済的にもゆとりが出てきて、何より今のパートナーと出会い充実した生活が始まって1年経ったころでした。そう、残りの人生を楽しむ条件は揃って「さあこれから！」というときでした。

前回の宣告から7年、自己探求を続けピュア・スピリットの存在を感じるようになった私は、以前の私とは明らかに違いました。まず思ったのは、神様は何を思っているのだろう？　私に何を伝えたいのだろう？　そのときの私の気持ちは「人生の崖っぷちから復活し、この花開いた状況の中人生を閉じる。その最後の姿をかっこよく見せることが私の役割なら、それはそれで全うしよう」とすら思えていました。確かに死ぬことは怖いし、これからどうなっていくのか怯えながら、それでも心の奥でどこか覚悟を決めていた部分があったのは事実です。

とはいえ、現実を考えるとやっぱり死にたくない。娘の人生を見守っていたいし、息子がどんな男に成長するのか知りたい。母親に辛い思いをさせるのは嫌。夫となる人とも、もっともっと楽しんで、私が彼の最期を看取りたい…。そんな自分の正直な気持ちと向き合ったとき、「私はまだ生きていたい!」と強く思いました。それからは、今まで自分が学び知ったすべての知識・経験をフル活用です。

マイナスになりがちな考え方を見直し、自分を信じる。悪い顔つきになった細胞も紛れもなく自分が創ったもの。であるなら、その細胞を笑顔にもできるはず。私は、自分の身体(細胞)に謝り感謝を伝え続けました。病院で行う子宮ガンの検査に、子宮の組織の一部を取り出し、細胞の顔つきを調べるというものがあるのですが、総合病院での検査時、私は私の身体からもぎ取られ離れていく細胞に対して「痛い思いさせてゴメンネ。今までありがとう。笑顔でいてね。どうか笑顔になってね」とメッセージを送りました。ある学びの中で、「細胞は切り取られても思考感情の影響を受け変化をする」と教えてもらっていたので、それを信じ実践したのです。

人によっては、そんな怪しい話どうなの? と思われるかもしれませんがワラにもすがる思いだった私にとっては人に良いと勧められたサプリを積極的に試したり、目に見えない祈りの力を信じるということは大事なことでした。

それから2週間、検査結果を聞きに行くまでの間に、私は実父をガンで亡くしています。父の葬儀のとき、たくさんの方々が見送りに集まってくださり、それぞれが父との思い出を心に持っていらっしゃった…。亡くなったけれど、確かに一人の人間が生きてこの世に何かを生み出して去ったという、人生の有意義さと反面、はかなさを身に沁みるほど実感しました。

「私もガンかもしれない…」と不安を背負いながらの父の葬儀は、悲しみと恐れと切なさの渦に巻き込まれながらも、もう一人の自分が凛と立っていてくれたおかげで、何とか乗り切れました。

もう一人の自分。そう、私の親友です。私は何か答えに迷ったときや苦しいとき、この親友と話をします。「もうダメだ。もうイヤだ。どうしよう?」と問いかけると、親友はいつも言います。「本当はどうしたいの? 自分らしく生きるんだよネ」と叱咤激励。弱った私の軌道修正をしてくれる大切な存在です。父の葬儀を通して改めて御縁のある方への感謝と、身近で支えてくれる仲間たちのありがたさ、そして愛する人の大切さ…。悲しみ以上の幸せがここにあることに気付きました。

それから数日後、生きた心地もないまま病院の待合に座り、呼ばれるまま診察室へ入りました。

「……」

数秒の沈黙の後、先生がコンピュータの画面を指差しながら言いました。「う〜ん、何も異常はないですねー」と、かすかに首を傾けながら、私にそう告げました。悪い顔つきの細胞は何と笑顔になっていたのです。その瞬間、「神様ありがとうございます」と心の底から感謝の気持ちが湧き上がり、「あぁ、まだ人生を味わえるんだ。うれしい！ 残りの人生を本当に大切に生きよう。幸せに生きよう」と…、私の2回目の人生の目覚まし時計は、とても心地良い音色でした。私はこの不思議な体験をして、「細胞にも意思がある」という仮説を信じることとなりました。知識や情報として知っているよりも、体験した実感ほど真実に勝るものはありません。きっと神様は、それを私に伝えたくて起こした出来事だったのかな？ なんて、今は都合のいいように解釈しています。

Column 1

人の感情は複雑怪奇

人間関係の中で一番不必要な感情はね、

【嫉妬・妬み・ヤキモチ・自己卑下】

すべて人と自分を比べているから湧き起こる感情

自分は自分、人は人

そこに優劣はない

人と比べて妬んで落ち込む…

そんな感情は負のスパイラルの入り口

どんどん落ちて抜けだせなくなるよ～

人を羨ましく思う自分に出会ったら、心からその人を認めてみよう

そうすると自分の器も広がるから、ラッキー便乗のチャンス

実はHAPPYシェアには深～い秘密があります

「人の喜びを我がことのように喜ぶ人」

そういう人に天は味方するんだって

心をクリアにシンプルにしようね

【人のHAPPYを心から喜べる自分になろう】

【第二章】家族を守るために選んだ仕事

＊怪しい？ 騙される？ ＭＬＭビジネス

ＭＬＭビジネス（マルチレベルマーケティングビジネス）、日本での通称はネットワークビジネスと言われている流通形態です。皆さんは、ネットワークビジネスにどんな印象をお持ちでしょうか？ ビジネスというからには、お金儲けの手段だと思われますよね。間違いではありませんが、私が実際にそのビジネスに参加してみて感じた新しい視点と発見をお伝えさせてください。ＭＬＭで成功するには、物理的な現実と目に見えないスピリットの融合が必要なのです。

ＭＬＭが日本に入ってきたのは約40年前、ダイレクトセリングというメーカー直販型の新しいマーケティングとしてアメリカから上陸しました。それまでの日本は、商品を販売するのに製造メーカーから一次問屋二次問屋を通して商品が店舗に並べられるという流通が当たり前でしたので、問屋や店舗を通さないで商品が手に入るということに違和感を持った方も多かったことでしょう。ですが反対に、どんな方（マルチレベルと総称される所以）でも販売員として登録できるという制度を、商売としてのチャンスととらえチャレンジする方が多くいたことも事実です。

私が20代前半のころでした。情報を早くにキャッチした友人が、意気揚々と私に伝えにきてくれました。「このビジネスを頑張って、権利収入にしよう！　そして一緒に人生を変えよう！」と目を輝かせて熱弁してくれましたが、当時の私にはそのビジネス形態を理解できる知識がありませんでしたし、何より成功なんて自分ができるわけがない夢物語だと思い、あっさり断りました。それからも何人かの知り合いから同じようなお誘いがありましたが、すべて断っています。

数年後、彼らと再び会ったときには全員活動を辞めてしまっていて「やっぱり、難しいわ。ＭＬＭなんて辞めといたほうがいいよ」と経験者ならではの助言を聞き、心の中で「成功なんてできないんだ。やらなくてよかった」と、どこか安心する自分がいました。自分は断っておいて、友人が成功するのは羨ましかったり、成功したとしても批判めいたことを言ってしまうような、当時の私はなんとも自己中心的でバランスの悪い思考でした。そんな悪印象だったＭＬＭビジネスに、自分がどっぷり関わる日がこようとは…。

それから数十年後、定職のない夫と二人の子どもを抱えた病み上がりの私は、５年後に自分が死んでしまっても子どもたちが生きていけるだけの貯金をしたくて、しっかり稼げる仕事を探していました。就職情報誌を読み漁り、街角の張り紙ひとつにもチャンスはないかとアンテナを張り巡らせていました。ですが、何の資格もなく40歳に手が届こうという中年の女性に、社会はとても厳しいもので、現実は時給８００円のパートのおばさんという枠でしか働ける場所はありません。時給８００円では貯金はおろか、家族４人がその月を暮らすこともままならぬ金額です。そんな現実を知り危機的状況に途方にくれていたとき、約20年ぶりに偶然再会した友人から、その話はやってきました。「このビジネスを成功させて権利収入を得よう。そして一緒に人生を変えよう」過去に何度か断ってきたこの台詞ですが、そのときは聞く耳とそれを受け止める心が違いました。

「フルコミッションなので仕事の成果がダイレクトに収入に繋がる」

「活動がすべて足跡になり、ゆくゆくは権利収入になる」

「権利収入は子どもに相続ができ、自分が死んでも相続した人の口座に収入が振り込まれる」

心でそれを聞いたとき、「そんな良い話があるのかな？　でも、もしそれが本当なら子どもたちを守る術になる！　これから5年間、生きている間にどこまでいけるかやるだけやってみたい！」と、過去に思った「どうせできない夢物語」は、そのときに「チャレンジするべく未来への希望」と変わったのです。そう決断して、代理店の権利を取得するためにローンを組み内職も辞めました。できる保証も経験もないのに借金をして事業を始める…。誰かに相談すれば「できるわけがない！　騙されているから止めた方がいい」と絶対に反対されることは想像がつきます。不安はいっぱいありましたが、相談して気持ちを揺さぶられるのが嫌だったので、一人で決めて行動しました。そうなると、すべての責任は自分にあります。「頑張れよ、自分！　自分を信じてやりきれよ！」その決断が、私の人生にとって大きな岐路となっていくことなど知る由もなく…。

＊ＭＬＭビジネスの壁

活動を始めて最初につまずいたのは、世間の先入観の壁です。


「あー、マルチ商法？　ねずみ講でしょ？　そういうのは止めておくわ」

「どうして口コミで売るの？　自信のある商品ならＣＭでもして店頭におけばいいじゃない？」

「早く始めた人とか、上の人ばっかりが儲かるのでしょ？」

「そんな上手い話あるわけないって。洗脳されているのだわ」

「友達を商売に利用して儲けるなんて最低」

「そんなにお金持ちになりたいの？　お金持ちほど不幸になるらしいよ」

「贅沢しないで人生こつこつ節約してやっていけばいいじゃない」

「成功できる人なんて、相当口がうまくて人脈と資金がある人に決まっているよ。一般の主婦になんてできるわけがないから目を覚ましたほうがいい」

「この前、マルチ商法の社長が逮捕されたニュースやってたよ。そんな怪しいことに巻き込まないで」

「そんなに言うなら、あなたがやって成功したらやるわ」

など…否定的な助言を山ほどいただきました。今なら、すべての問いに納得していただけるように答えられる知識と経験もありますが、始めたばかりの私にはまだ結果もなく、ただ自分の環境とそれにかける気持ちを伝えるしか術がなかったので、信頼する友人からの否定は心が折れてしまうものでした。


ＭＬＭに対する世間の見解はまだまだ情報不足です。ＭＬＭの流通を利用した悪徳業者も確かに存在します。テレビのニュースでマルチ商法の関係者が検挙された映像がまれに放映されますが、そんな会社はもちろん悪徳でしょう。基本的にメディアを使わないのがＭＬＭの特徴なので、一般の方にはあまり知られていませんが、**法律に基づいて経営し社会貢献をして長年続いて**

いる全うな企業はたくさんあります。それなのに世間から良く思われないのはなぜでしょう？

その答えはただひとつ、「関わる人の性質」に、ＭＬＭのもっとも重要なポイントがあります。

ＭＬＭは、履歴書も面接も不要で学生以外の成人であれば誰でもが参加できるマーケティングです。メリットであるそこがデメリットにもなってしまうのです。このシステムを使って収入を得ようと代理店になった人が、自分さえ良ければと考える人なら、その方から商品を購入されたお客様は「売りつけられた」という印象を持ってしまうかもしれません。ご愛用者さんへの感謝を忘れ、定期的なコミュニケーションもおろそかになってしまっては、「愛想が良いのは売るときだけか」とがっかりさせてしまいます。ビジネスとしての話を提案する人が、「うまいことやって、楽に儲けられる」と考えながらシステムの説明をしたならば、そのように伝わってしまうでしょう。勉強不足で活動するなら、お客様からの質問にきちんとお答えできず、不信感を持たれ、怪しい商売になってしまいます。そこに現実離れをした夢のような桁はずれの収入が付いてくるとなると、ますます胡散臭い話で終わってしまいます。とにかく、**ＭＬＭの印象はお伝えをする方の人間性にかかっているのです。**

そして、ＭＬＭにチャレンジをしたとき、自分の目標とするところまで到達できるかも、重要なポイントです。成功までの道のりには、きちんとしたHOW TO（具体的なノウハウと成功スピリチュアル）があるのです。それを知らない方が非常に多く、多数の方が「MLMなんてできるわけがない」と思い込まれていることを非常に残念に思います。

＊MLMビジネスの成功のポイント

どんなビジネスでもそうですが、すべては自己責任です。「そんなの、勧誘しておいて責任転嫁するための逃げ言葉だ」なんて声が聞こえてきそうですが、その考えこそが責任転嫁の考え方だと気が付きませんか？　自分で決めたことに対して「やっぱりうまくいかないじゃない、騙された」。残念ですが、少しだけビジネストライしたけど諦めてしまった方からこんなセリフをよく耳にします。MLMに限らず自立しようとする方に必要なのは、責任転嫁と依存意識からの脱出です。

MLMに対する悪評の表現でありがちなのが、「ファミレスに呼び出されたと思ったら知らない人が急に現れて、聞きたくもない健康不安の話を延々と聞かされて、結局サプリが出てきて欲しくもないのに無理やり買わされた。1週間試したけど全然効かないし、怪しいよね。騙された」というお話…。あるある〜ですよね(笑)。ここで、まずもって注意しないといけない点は、伝える側の在り方です。話を聞いてほしい一心で、騙し討ちのような状況になっていないか、お誘いした人や説明に入った人の人間的品格はどうか、法律や会社のコンプライアンスを守っているか。MLMに携わる方は、このような事柄に十分すぎるくらいの気遣いをしてほしいとお願いします。誤解を受けやすい仕事だからこそ、一人ひとりの意識を高く持って、業界を守っていきたいものです。

話を戻しますが、ファミレスに呼び出された方の表現の癖にお気付きでしょうか？「〜された、〜された、〜られた」が異常に多いですよね？言葉の大切さの章でもお伝えしますが、「〜された、〜られた」は、被害者意識からの言葉です。被害者意識の言葉を使っていると、ますます被害者になるという現実を引き寄せます。そして、断ることができなかった自分の弱点に気付かず、被害者の感情から話をしているので、歪んだ情報を流してしまいます。これが世の中のデマや噂の正体です。

お金や成功に対して心の壁がある人ほど、無意識にあるいは故意的にそんな表現をしているように思います。精神的自立ができている人が同じ状況になったとき、どんな伝え方をするのでしょうか？　参考にしてみてください。「先日、友人にサプリの会社の人を紹介してもらってね、最新の健康情報を聞いたよ。私の場合、〇〇サプリを勧められたけどサプリにはあまり興味がないから乗り気じゃなかったんだ。でも友人がその商材でビジネスを始めたらしいので、応援の気持ちもあって試してみることにした。即効性はないと思うからとりあえず半年くらい試して、私に合わなかったら解約するつもり。効果があるとうれしいな」と、こんな感じでしょうか？　状況をそのままシンプルに伝えています。「～された、～られた」という、被害者的な表現は一切ありません。そして自分で決めたことをきちんと納得しています。相手をジャッジする言葉もありません。あなたが友人として選ぶなら、どちらの方が良いですか？

この二人の違いは自己責任感にあります。たくさんの人と関わってきて思うのは、人のせいにする人、人に依存する人は何をやってもうまくいきません。「だって〇〇さんがそう言ったから…」。この言葉をつい発してしまう人は、無意識に人生を人任せにしています。誰もあなたの人生の責任は取ってくれません。**人生はすべて自己責任という意味をよく考えてみてください。**

＊ＭＬＭで試される自分

ＭＬＭビジネスを挫折してしまう人のほとんどは、三日坊主です。少し嫌なことがあると、すぐに投げ出して諦めてしまいます。そんな私も、ずっと三日坊主の人生で怠け者でした。一番活発であるはずの学生時代でさえ、部活動もせず目標も何もない、箸にも棒にもかからない学生でしたので、その気持ちは十分にわかります。しかし、個人事業主として収益をあげるというステージにおいては、そういった在り方では通用しません。このあたりの考え方は、男性の方が共感されやすいのですが、それはやはり社会に出てお金をいただく大変さが身に染みているからでしょう。

単純な話ですが、**その三日坊主を克服する精神修行のうちに、自分自身で掴むＭＬＭの成功のすべてが含まれている**といっても過言ではありません。そして、具体的なところでは、「**成功者に教わる**」ことが大前提になります。例えるなら、あなたがエベレスト登山にチャレンジすることになったとき、誰にアドバイスをもらったり相談しますか？　一度も登山をしたことがない友人に相談したら、間違いなくこう言うでしょう、「どうしたの？　そんな登山なんて危ないこと止めた方がいいよ。昨日ニュースでやっていたよ、富士山で遭難者が出たって」。富士山の登山に挑戦して途中で断念した友人はこうアドバイスをくれるでしょう。「え～エベレスト!? なんで、そんな無理するの？　私も富士山に登ったことがあるから知っているけど相当きついよ。山頂まで行きたくてチャレンジしたけど、途中で危ない箇所がたくさんあって諦めて下山したもん。まあ、山頂まで行っても極寒でゴミだらけらしいけどね」。

そして、エベレスト登頂に成功した友人はこう言うでしょう。「素晴らしい決断だね！　道中は危険な箇所とかたくさんあるけど、私は何度も経験して極力安全なルートを見つけたから、ぜひ同行させて。危ないから絶対に勝手な行動しないでね。登り切った山頂からの景色は最高で人生観が変わるよ。不安だと思うけど、私に出来たのだからあなたにも絶対できる！　自分を信じてね。さあ、行くよ！」。ＭＬＭに限らず、自分の知らない新しい世界に飛び込むときは、その世界の成功者・成し遂げた人にアドバイスをもらってください。

＊ＭＬＭの神髄

ＭＬＭで成功するためには、自分自身の在り方が問われるという、とても深い人生の課題がついてきます。私はそんな厳しい世界にありのままで勝負しました。いえ、本当のところは何をどうしていいのかもわからなかったので、ストレートに挑戦するしかありませんでした。このＭＬＭのシステムを使わせてもらって、収入を得て生活を立て直し子どもを守る。その一筋の気持ちだけで、正々堂々と自分なりの自論を持ってＭＬＭを伝え続けました。相変わらず否定・批判もありましたが、活動を続けるうちに少しずつ賛同していただける方が増え、共感して一緒に活動する仲間もできてきました。皆、それぞれ理由があって参加されます。経済的危機、子どもの学費、離婚に向けて自立のため、夢を叶えるための資金作り、お小遣い稼ぎ、将来への備えなど、「自分の人生を立て直したい」という真面目な気持ちで活動を始めるのです。満足のいく生活をするには、ある程度余裕のある収入が必要です。ですが、今の社会状況では、これから豊かになっていける希望など持てません。ほとんどの人が、そんな環境に流されて一生を終えてしまいます。ですが、ＭＬＭの仕組みを正しく利用すれば、普通の主婦でもきちんと収入を得る手段となるのです。そして、自分らしい人生を取り戻していけるのです。

私はリーダーとして、ＭＬＭが世間に良く思われていない現状を正面から受け止め、理解して対処することを仲間たちに伝えています。自分は良いと思っていることでも、十人十色の考え方があるので、強引に誘わない、くどく話さない、無理に勧めないなど、当たり前ですが、〈人様から嫌われることはしない〉というルールです。そして自分がなぜMLMをやろうと思ったかを、相手にきちんと伝えるようにアドバイスします。もちろん、そこで相手がどう受け止めるかは自由。でも誰もが満足に幸せに生きたいと思っているのは確かです。一度きりの人生を大切に生きるため、収入を得て自立する。他の方法があれば何でもいいと思いますが、起業する資本もアイデアもない女性にとって、MLMは大きなチャンスを掴むための扉だと思います。商品を売るのが仕事ではありません。もちろん商品を愛用していただくことも大切ですが、それよりも、人生の成功者を育てることこそが私たちの本当の役目だと確信しています。自分のことくらいは自分で守る…それができた人が初めて、人のために生きることができるのではないでしょうか?

人生をかけて、お互いに共存・共栄していける仲間創り…それは、自己本位では決して成し遂げられるものではなく、自分を大切にするうえで相手のことも自分のことのように感じられる「**利他行の感性**」において導かれるのです。自分だけが儲かる手段としてMLMを利用しても一時的には収入になるかもしれませんが、永続的な権利収入にはならず、また他の会社に移り渡り同じことの繰り返し…。いわゆるネットワークジプシーとなってしまうでしょう。一つの会社で継続して流通が起こり、組織が衰退しないグループには、必ず温かい気持ちの通った、人と人とのご縁を大切にするネットワークが構築されています。昔の長屋のように、お隣さんもそのお隣さんも同じ屋根の下で家族のように大事に思える人間関係。一見、無機質なマーケティングにみえるMLMにも、今の時代だからこそ求められるリアルな人間同士の生きた信頼関係が根本にあることを広く知っていただきたいです。そして私は思います。お金は大切なものだと…。

自分らしい人生を歩むには、お金はあったほうがいい。当たり前だという声が聞こえてきそうですが、自分でお金を得るために現実を行動する中で、自分らしい人生が見えてくる…。そして、人生の使命が見えてくるとお金もついてくるという循環。私はたまたまMLMの活動の中で掴みましたが、世の中には他にもたくさんステージは用意されています。あなたのステージを見つけ、そこで自分の人生を変える経済の流れを掴んでください。その流れに乗るためには、現実とスピリットの融合が不可欠なのです。現実に行動することと、その中で経験する壁を超えていくことが、自分の考え方と言葉と行動を変えることとなり「成功を引き寄せる体質」へと形

成・熟成させていきます。

私は周りの仲間たちに、女性でも自分を守れるだけの経済力を持つことをお勧めしています。そういう私も、経済不安があると思考がブレてしまい、物事を中庸で見ることができません。そういう私も、ずっと経済不安を持ちながら生きてきました。しかし、ピンチをきっかけに考え方や視野を広く持ち、新たなステージにトライしたことで、今では権利収入で生活できる環境へとステージが変わりました。自分自身は何も変わっていません。ただ、**思考を変えチャレンジすることで人生が大きく変化したのです。**

今までのあなたの思考の制限をはずし、自分が知らない新しい価値観を認めてください。まずは、そこからです。誰しもが未知の可能性を持っています。それに気が付かないまま、諦めたままの女性たちに伝えたい…。

「人生は思った通りになります！　今、この瞬間から、あなたの未来は思った通りに創れるのです！」

Column 2

人間の価値って何だと思う？

世間的には学力や才能や家柄、職業、財力やぱっと見の成功…

一見華やかなところにいる人たちを讃える風潮があるけど、

私は違うと思う

そのとき、どんな環境でどんな人間であっても

「良くなりたい」と思って素直に謙虚に

愚鈍で愚直なほど精一杯生きている人たちのほうが

光輝いて価値があると思う

だからね、素直に謙虚に「向上したい」って思った瞬間から、

あなたはそのままでいいんだよ

矛盾した言葉だけどわかるまで読み返してみて

幸せってね、外からやってくるのではなくて自分の心の中から選ぶもの

自分の周りの人をジャッジしない、評価しない

ただ認め、信じ、幸せを願う

そう感じられる心こそが幸せそのものなのかな

「人は一人では幸せになれない」

よく聞くこの言葉には、こんな深い意味があったんだよ

だから私が幸せって思えるのは皆がいてくれるから…

ありがとう

【第三章】結婚観のシフト

＊一度の結婚に囚われないで（1）

女性にとって結婚は、今後の人生の質に関わってくる最も重要な出来事ですよね。多くの女性が結婚によって今よりも豊かに幸せになるチャンスだととらえています。「どうしたらステキな男性と巡り会えるのか」というのは、独身女性にとって永遠のテーマでしょう。その答えを見つけるために、ダイエットをしたり、エステにメイクレッスン。そして、男性の目を引くファッションにマイベストショットの研究。その努力には頭が下がりますが、残念ながらその方向性では「ステキな男性」からは見つけてもらえません。

結婚をして、お互いに幸せを育める相手を求めるのなら、外見磨きよりも内面磨きです。男性が求めるものは、優しい笑顔にお料理上手、温かい母性と常識的な知性と品性。耳の痛い正統派な答えですが、それは今も昔も変わりません。しっかりした理想の男性と出会いたければ、今日から自炊を始めましょう。遊びの相手を求めるなら、外見とノリの良さを磨いてください。

女性が男性の経済力を充てにする風潮があるように、男性も遊びの女性と大切な女性とを区別して付き合っています。経済力のある男性ほど、冷静に女性を分析していて、寄ってくる女性の本質を見事に見抜いています。彼らは言います。「お金目当ての女性は遊びと割り切る。本気で付き合えるのは、しっかりとした考えを持つ自立した女性。依存がないので、お互いを一人の人間として尊敬し合えるから」と。ここにも引き寄せの法則が作用しています。同じレベル同志の異性が真実で引き合うのです。

女性の経済力は、結婚生活に大きな影響を及ぼします。大体の女性は結婚をしたら男性が稼いだお金で生活をしていくものと考えています。ですが実際は、男性の収入だけでやっていける家庭は、そんなに多くありません。結婚当初は良かったとしても、子どもが生まれ教育費がかかってきたりマイホームを購入したり、生活スタイルの変化でほとんどが共働きを余儀なくされているのです。「夫が養うべき」と考えている妻が、家計を助けるためにパートタイムに出かけることになると、そこから夫婦間に大きな歪みが出てきます。

ちょうど多大な教育費がかかり始める40代の夫婦のほとんどが、愛情を失い冷えた関係になってしまうのも、そこに原因があるのかもしれません。満足のいく生活をさせられない夫を見下し始め、パートに出ることに不満を覚え、仕事と家事の両立で日々の時間に追われる中で、「あぁ、このまま歳をとって人生に何の希望もないまま終わるのか…」とイライラが募り、表情も暗く、ますます運気が下がっていく…。そして不幸のスパイラルへとはまりこんでしまうのです。

＊一度の結婚に囚われないで(2)

私の場合は、夫が精神的疾患で職を失ってしまったところから始まりました。病気の症状なのか、ひどい被害妄想から、家計を支える私に「女のくせに稼ぎやがって」「どうせ俺なんて」と嫌味を言い、みるみるうちに小さく卑屈な人になっていきました。時には、私の気を引くために「今から自殺する!」と携帯電話に着信があったり、夜中に私の手帳から携帯電話のデータまでチェックをしたりするような家庭内ストーカー状態でした。そんな中でも、私は夫と子どもを守るために一生懸命に朝から夜中まで働いて、夫にも何とか立ち直ってほしいと支え、励まし続けました。そんな生活が3年ほど経ったころでしょうか…。ある日、洗濯物を干していたら突然、私の頭の中に声が聞こえてきたのです。その声は、ハッキリと私にこう言いました。

「人が人を救うことはできない」

ビックリしました。そして一瞬で気が付きました。今まで彼のためにと思ってしてきたこと、自分を犠牲にしてまでやってきたこと、私が彼を救ってみせると努力してきたことは、すべて私のエゴでしかなかったと気が付いたのです。自分は人を救える人間だと思い込んでいた、私自身の傲慢さを恥ずかしく思いました。そして、私は潔くギブアップ。両手を上げて離婚宣言です。「ゴメンナサイ、もう私には何もできません。子どもと自分を守るのに精一杯なので、どうか離れてください」。素直にそのまま気持ちを伝えたとき、それまで何かにグルグルとらわれて空回りしていた感情がふっと息を吹き返し、パチッと地に足がついた感覚がありました。

離婚をしたいと思っている女性はたくさんいますが、ほとんどの方が世間体や経済不安から踏み切れていません。私は自分の体験からも、そんな女性にお伝えしたいです。一度きりの人生を大切に幸せになろうと決めたとき、勇気を持って自分を信じて行動をして本気で取り組めば、必ず次の扉が開いて新しい人生のステージへと進めます。そして、自分の波動を高めていけば、そのときの自分とレベルの合ったパートナーとも巡り会えるでしょう。とにもかくにも、毎日を一生懸命に生き、自分自身を磨き高めるのです。まずは、現実世界でやることをやらないと、引き寄せの法則も動き出しませんから。

そもそも離婚を考えるということは、もうその相手とは共鳴し合えないという感覚としての体感です。その状態を「因果の法則」とか「カルマの解消」ととらえ、離婚を選ばず添いとげるも良し、この結婚での学びは終り、次のステージへと旅立とうと離婚を選ぶのも良し。すべては本人自身の気持ちが答えです。私の場合は、新しいステージへの旅立ちを選びました。そのときはわかりませんでしたが、今はその判断は正解だったと思っています。

その後一人になった彼は、故郷に戻り高齢のお母様と二人暮らしをしています。私といるときには、病気で働けない人だったはずなのに、今はきちんと働いてお母様の生活を支えているようです。私のエゴは彼を依存させてしまっていたのです。私と離れたことによって自立心が戻ったのでしょう。人生は何が正しくて何が正しくないかなんてわかりません。この経験での大きな気付きは、「人が人を救うことはできない。であるならば、自分のことは自分で責任を持って生きるという自覚にフォーカスする」。わかりやすく言うと、自分を救えるのは自分しかいないと知る…、ということでしょうか。結婚とは、相手への依存ではなく、自立した人間同士のパートナーシップで、二人で居ることによってお互いの人生が豊かになる…、そんな相手と人生を共にできたら最高ですね。

＊一度の結婚に囚われないで（3）

幸せな結婚には女性の自立が大切なポイントになります。経済的・精神的に自立した女性は、男性への尊敬の気持ちも忘れません。それは、自分も社会の中で戦って生きていると、「本物の男性にはかなわない…」と実感することが多々あるからです。そこで初めて、男と女の役割の違いを素直に認めることができ、女性として男性を支える側の在り方に幸せを見つけます。古風な考え方と笑う方もいるかもしれませんが、今、私はそれが本来の女性の喜びだと感じています。

私は離婚を選び、人生の新しいステージに挑戦しました。その結果、素晴らしいベストパートナーと巡り会えました。彼と出会った当初は、私は生活も落ち着き充実していたので、もう結婚するつもりはありませんでした。ただ、もしも次にお付き合いをする人が現れたなら、「その人は、私の人生の最後の男性。相思相愛のまま、その人の最期を私が看取る」とだけ自分で決めていました。幾度の離婚をしながらも求め続けてきた真実の愛です。友人たちには、「子どもも産んで離婚経験ありのイイ大人の女が何言っているの？　真実の愛なんてあるわけないじゃない」と呆れられていますが、私は今でも本気で思っています。今回の人生の最期は真実の愛で終わりたい……と。

＊シンクロニシティって信じますか？

偶然の一致とか、奇跡的な偶然のようなことをいうのですが、私たちは、目の前で起こる出来事しか認知できていません。でも、自分の意識の範疇外でも物事は進んでいて（同時に起こっていて）、その一つひとつが複雑に絡み合い影響し合って、ベストなタイミングで私たちの前に現実として現れるのです。その完璧なカラクリは、まるで私たちのすべてをお見通しの演出家が、壮大なお芝居を楽しみながら操っているとしか思えません。おちゃめな演出家さんは、何年もかけてジワリジワリと彼と私を操って、満を持して二人を出会わせました。私のこれまでの辛かった過去も、彼が私と出会うまでの経験もすべてここに辿り着くためのプロセスだったのです。今の二人として出会わなければ、二人は一緒になれていなかったでしょう。「**過去の苦い経験もすべ**

て未来の自分の幸せに繋がっている」と、乗り越えたとき、その過去を変えることができます。するとあなたの前には必ず新しい扉が現れます。自分を信じて勇気を持ってその扉を開けてください。進化・成長してステージを変えながら、経験し続けるのが人生の醍醐味です。

＊結婚って契約だと思いますか？

どんな相手と結婚するかは、人生の幸福度にとても影響してきます。女性にとっては特に、相手の性格・環境・経済力によって自分の将来がかなり変わってくるので、慎重な選択になると思います。若いころは、かっこいい外見とかフィーリング重視で、恋は盲目状態のまま勢いだけでゴールインも珍しくありません。20代後半にもなると、周りの友人の結婚価値観に照らし合わせて、職業とか年収が気になり始めます。

ですが、お相手の男性は社会的にもまだまだ未熟で、なかなか結婚に踏み切れない状況でしょう。そして、30代では「ここまできたら一発逆転」を狙い、そこそこの相手では満足ができず、「それなら一人で生きていったほうがまし」と、生涯独身を決める女性が増える要因もそこにあるのかと思われます。そういった動向が悪いとは思いませんが、その動機となるものがあまりにも短絡的な思考であることに不安を覚えます。

結婚相談所を営む友人は、「結婚したいのにできない人たちは、物の考え方に問題がある。成婚に向けて活動する中で、当方のアドバイスをなかなか聞き入れてもらえず、その頑なな性格がネックになって、さらに縁遠くなってしまう負のスパイラル状態だ」と嘆いています。自分の意見を貫くのと自分を大切にすることは、表現は似ているけれど意味は全く異なることです。「自己中心的な考え」と「自分軸を持った考え」と区別するとわかりやすいでしょうか？　婚活中の女性の希望条件が第一に年収の多さ、次いで学歴や両親との別居などすべて自分中心の観点であるところに、結婚できない要因があると思います。結婚を利用して、他人に依存して生きていくのは自己中心的で、そこに見えてくるものは何もありません。

心の目を養ってください。結婚する・しないは自由なのでどちらでも良いのですが、結婚したいけどできない人は、何か自分の中に原因があるのです。独身の男性は世の中にたくさんいますので、こだわらなければすぐにでも結婚できるでしょう。とはいえ、誰でも良いわけではありませんん。自分に合ったお相手と巡り会うことが一番幸せですよね？　では、どうしたらよいか？　それは、頭を通した目で相手を見るのではなく、相手を心で感じることが大切です。目はルックスや履歴書・年収など、外からの情報を見ます。心はその人の根本にある、人間的心根を感じることができるのです。普段からほとんどの人が頭の考えに意識を持っていますが、心(心臓)に手を当ててみてください。意識がハートに降りてきます。頭の考えもごちゃごちゃ言ってきますが、自分のハートが感じているままをしっかりとキャッチしてください。それが、心で感じるということです。

結婚相手の経済力はもちろん重要です。しかし、お金はあなたも生み出すことができます。働くのが嫌で養ってもらうのを目的として結婚相手を探している人は、考え方を少し見直した方が良いですね。そんな考えの人を妻にしたいと思う男性はいません。あなたがもし「家政婦をしてほしいから結婚して」なんて男性にプロポーズされたらどう思いますか？　悲しい気持ちになりませんか？「自己中心的」と「自分軸」、この二つの違いは柔らかさの違いです。自己中心的な考えは、物事の基準を自分の目線や気持ちで判断します。そして、その基準は絶対で頑なです。

一方、自分軸を持った考えは、自己肯定感をベースに柔軟に物事をとらえます。自分に信頼や尊厳をきちんと持っているので、周りの状況に振り回されることなく、しなやかに立ち振る舞うことができるのです。女性が結婚相手を探すとき、自分の将来に有利な条件の男性を選びたい気持ちもわかりますが、皮肉なことにその目線だからこそ男性からは求められません。もちろん男性にも、最低限は暮らせるだけの経済力を持つ努力は必要です。昔、ある女性から「結婚は契約でしょ！」と吐き捨てられた経験があります。私は、「結婚は心の結びつきです」と答えました。どちらも正解です。さて、あなたは、どちら派ですか？

Column 3

Pure Spirit 〜純粋意識〜

「素直」ってね、従順であることではないんだよ

こだわりのない、柔軟な心の状態こと

「自分を大切に」っていうのは自己中心的な考えではないんだよ

心に感じるままを、自分が気付いて大切にすること

他人の目や「普通は…」って世間の風潮に惑わされず、

「これが私」と自分らしく生きること

「感謝」ってね、何かをしてもらったお返しにするんじゃないんだよ

今、自分が生きている奇跡を実感したとき、

心から湧き上がってくる思いです

素直に自分を大切に、森羅万象に感謝して日々過ごす

【一度きりの人生、自分らしく生きようね】

【第四章】

私が体験した不思議な世界

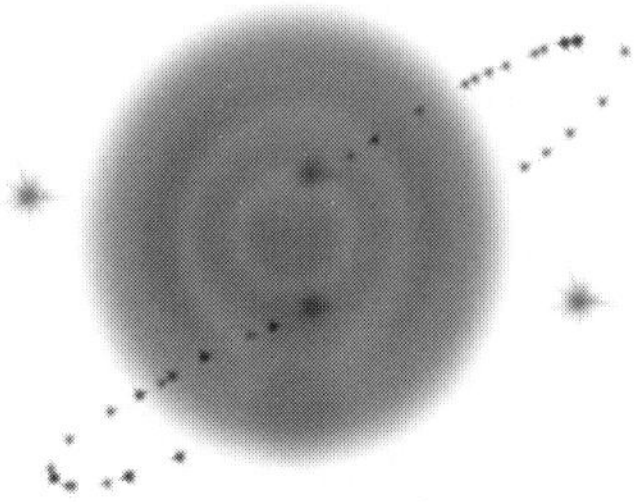

*リモートビューイング（遠隔透視）

リモートビューイングってご存知ですか？　馴染みのない言葉だと思いますが、私がRV（リモートビューイング）を知ったのは、今から7年ほど前にさかのぼります。そのころ、人生の軌道修正ともいえる環境の変化がバタバタとあり、この先の行方に不安を持っていたときでした。友人から「未来のことを予言・的中させる凄い人がいる」と紹介を受け、興味津々で早速予約をしました。

セッションに指定された場所は住宅街の中の一軒家で、看板も何もありません。恐る恐るベルをならすと、作務衣姿の40代の男性がにっこり笑顔で出迎えてくれました。整然と整頓されたリビングに通され、奥に見える小さなお庭には、さまざまな野菜が彩り豊かに実を付け、シーンと静まりかえった部屋に流れる空気はとてもクリアで、神社仏閣に流れる空気と同じものを感じたのを覚えています。どんな流れでセッションが始まるのか私は興味津々でした。

彼はまずRVについての説明を始めました。「1970年代にソビエト連邦が超能力を使ってアメリカの軍事情報を収集していたことに対し、アメリカは超能力兵士を養成するためにトレーニングさせ透視力をつけさせせました。その研究所に協力していたインゴ・スワンという超能力者が、そのトレーニングのメカニズムを調べ作り上げたのがＲＶの方法です。ＲＶとは『遠隔透視』という意味で、とても科学的でトレーニングを行えば誰にでもでき、再現性がある能力だといわれています」と。

私はその説明の中の「科学的」という言葉に興味を持ちました。それまで、数々のスピリチュアルなワークを体験しましたが、そのほとんどが特別な人が授かった能力を（オーラでの鑑定、ハイヤーセルフの声を聞くなど）クライアントに一方的にアドバイスする形が多く、何となく掴みどころがないな…と飽きていたころでしたので、誰でもトレーニングをしたら能力がつくというシステマティックさに私の好奇心がワクワクしました。

そして、ＲＶの練習に入るわけですが、必要なものは紙とペン一本のみ。それだけで封筒の中の用紙に書いてある情報を手も触れずに読み取るって…？　何のヒントもなくです。ありえないでしょ？　その練習方法は、ある法則に乗っ取って、白紙の紙に頭で考えることなく、今ただ感じることをペンで書きます。その行動の反復練習のみなのです。何度行ってもつい中に何が書いてあるのか想像してしまい、自分の頭の中で勝手にストーリーを作って思い込んでしまうので、なかなか正解にはなりません。ふっと思い浮かんだ言葉には何の根拠もないので自信が持てないのです。

先生は常に「リラックスして、無邪気に遊びながらやってください」と、頭で考えることを止めて心で感じてくださいとアドバイスをくれていました。常識から考えると出来る訳のない透視術ですが、その部屋の中で先生は微笑みながら、いたって真剣に、出来ない私を見守ってくれていました。1日に6時間ほどの練習を何日かやり、なんとなくコツを掴んだある日、もやっと浮かんだ茶色の物体…。なんだかフワフワ温かい…緑色も感じる…動いている？ そんな感覚が私を包み込みました。

「茶色くてフワフワな生き物…サルかな？ 温かい…」

封筒の中の情報は「温泉につかるサル」でした。私は封をしてある封筒の中身を透視したのです。**このRVで知ったことは、浮かんでくる直感を大切に信じること、頭で考えることは何の役にも立たない。**例えば不安という感情も、ただの自分のネガティブな思いが勝手にストーリーを創り出し、増幅しているだけだということ。そして直感の精度を上げるには、頭の中のゴチャゴチャおしゃべりを鎮めることが大切で、座禅、瞑想などがとても有効だということ。

この世のすべての情報は繋がっていて、自分のヒラメキと思うことも、ただ脳の受信機能がその情報プールの中から必要なポイントを受信しているだけのことらしく、何よりそれはすべての人が無意識に使っている能力なのです。自分らしく生きるには心を鎮め、今自分が何を感じているのかに意識を向けて、そこで感じる感覚に基づいて日々過ごすことが大切なのです。自分の中にすべての答があることを知ってください。

＊言葉の魔法（言魂）

「言葉には魂がのるんだよ」

私が収入を得るために仕事で結果を出そう！　と決めたところ、最初に心に入ってきたのが、この言葉でした。普段、何気なく使っている言葉で人生が左右されているとしたら…。何気ないだけに、知らないのは恐ろしいことです。そのことを意識し始めたら、豊かな人たちはもう当たり前としている常識でした。本屋さんに立ち寄ると、それだけでコーナーができるほどの情報量で、私はまず「ありがとう。感謝します」と毎日つぶやくとラッキーなことが起こるという教えを実践してみました。何があっても「ありがとう。感謝します」と言う…。嫌なことに対してもです。最初はなかなかできません。気持ちは込めなくても良くて、その言葉の音に意味があるらしいのですが、照れ臭かったり、絶対に言いたくない状況だったりで…。現実の変化はすぐには見られませんでしたが、根気良く続けました。

次は、「けど、でも、だって、〜された、〜られた」を言わないルール。会話の最中に、この単語を使ってはいけないのです。要するに言い訳をしないということですね。そして「言い切り言葉」も大切です。「〜しようと思う」ではなく「〜します」。「こちらで良いです」ではなく「こちらが良いです」。「〜できたらイイなあ」ではなく「〜します」。「とりあえず」ではなく「まず」。同じ意味合いでも、言い換えることでかなりスッキリして気持ちが違いますね。ネガティブな言葉や人の悪口を言わないというのも実践しました。

少しひねりを効かせた技で、過去形で表現するというのもあります。例えば、結婚したいなら「結婚しました」と先に言ってしまう。会社を辞めたいなら「会社を辞めました」。旅行に行きたいなら「旅行に行きました」。もう、既にそうなっているかのような気分になることが、その現実を引き寄せます。言葉を使って人はコミュニケーションをとっています。ですから言葉の選び方ひとつで、あなたの印象もガラリと変わります。「そうするべきだ」なんていつも言っていては、視野の狭い自己中心な考えを押し付ける、付き合いにくい人に見られます。「〜したからダメだった」を「〜にした方が良かったね」と言い換えるだけでも、前者は否定された感じがするのに対して、後者は前向きなアドバイスをもらったと受け止められます。

言葉は習慣なのですぐには変えられませんが、常にこれらを意識するだけでも、気が付いたときにはかなり良くなっていると思います。そのうちに、人が言ったネガティブ言葉に瞬時に反応してしまい、耳に入るだけで居心地の悪さを覚えるほどになるでしょう。そんな風に過ごしていたら、いつのまにか私の友人たちは前向きで明るい人ばかりになっていました。言葉遣いを変えるだけで、確実に良い方向に流れが変わります。まずは、そこから意識してみてください。

＊ホリスティックカレッジ・オブ・ジャパン（量子物理学）

ホリスティックカレッジ・オブ・ジャパンとは、私がマスター・セラピストの称号をいただいた学校です。本校は米国コロラド州の自然豊かな地デンバーにあります。正式名称は**米国ニュート**

リション・セラピー・インスティテュート（NTI）といいます。栄養学と聞くと、カロリー計算とか食物の栄養素についての学問と思われますが、ホリスティック栄養学はそういった従来の栄養学とは少し視点が違います。そもそもホリスティックという言葉の意味は、語源はギリシャ語の「ホロス」で日本語では「全体」を意味していて、**「全体＝その人まるごと（栄養・心・身体）」を診るなかで、心と身体の関係から意識が遺伝子にも影響すること、そして波動から量子物理学にまで繋がっていく学問なのです。**人間を臓器のかたまりと考えるのではなく、意識を持った個々の細胞の集合体とし、それぞれがバランスをとり役目を果たし、なおかつそれを目に見えない波動が全体の指揮をとり、絶妙なハーモニーを奏でているのだとしたら…。そこには、**人間が宇宙と一体化する素晴らしい世界観があります。**

基礎コースの学習項目

（1）基礎栄養学〜栄養学の基礎から酵素栄養学など
（2）栄養の原則と応用〜食べることの重要性や体質によって異なる消化・吸収など
（3）栄養コンサルタントのための解剖学と生理学〜栄養がどのように肉体を構成するのか？

およびボディメカニズムなど

（4）栄養生化学の基礎〜目に見えない量子の世界や生命活動全体のメカニズムなど

私がこの学校に興味を持ったのは、栄養の勉強をしたかったからではありません。私が私として生命を受け、永い人生の旅路の中で美味しい食事を味わえたり、温泉に浸かって気持ち良いと感じたり、怪我をして痛い思いをしたり…。それらすべては、この身体があるから感じられると気が付いたとき、生まれてからずっと共にいてくれた自分の身体への感謝と、人間の精密な構造にはかりしれない壮大な何かを感じました。

心臓は生まれてから何十年もたえまなく鼓動を刻み続け、胃や腸は私が嗜好のままに飲み食べ続けた食物をもくもくと消化吸収してくれて、肝臓は解毒を腎臓は老廃物をろ過し、血液は栄養素を身体のすみずみまで運び、脳にいたってはスーパーコンピューター並みの働きをしてくれる…。**身体って何だろう？　私自身が理解もできていないことが、私自身の中で起こっている**という事実。これは、私のものではなく何かが意図をもって創造し与えてくれたものに違いない。**そう、身体は借りものなのかもしれません。**

遺伝子科学者の村上和雄先生は、「人間のＤＮＡには万巻の書にも匹敵するほどの大量な情報が入っていて、その暗号は人類では解読することができない。そこには、科学の常識や人知を超えた大きな存在がある」と言っています。私は一粒のＤＮＡに壮大な宇宙との繋がりを感じました。そして、その身体のエネルギー源になっているものが自然の食べ物であることを意識したとき、このホリスティック栄養学で最先端の情報を知りたいと思ったのです。

基礎コースを卒業して、認定コンサルタントとして講座などをさせていただいていますが、今も上級コースを受講し、量子物理学から思想哲学まで、自分とは…生きる意味とは…など、科学的理論に基づいたスピリチュアルな観点からの最先端の学びを深めています。

この分野は、近年凄いスピードで新しい発見や情報が出てきます。それだけ人々の意識が変わってきたという現れでしょう。あなたも一度、自分自身の精神と身体を見つめてみてください。人体の不思議を知ると共に、自分を生かしていてくれる壮大な何かに感謝の気持ちが湧いてくるに違いありません。

＊意識はエネルギー（気功治療）

私が、自分の中のピュア・スピリットの存在に確信を持った体験をお伝えしたいと思います。

幼いころから神秘的な世界観に興味を持ち、占いや霊能者の方やスピリットマスターと言われる方々の話を求め歩き、書物からもたくさんの学びを得ていました。ただ、それらは皆、話を聞き知識として自分の中に消化するだけで、それだけでは現実が変わることはありませんでした。そのころ、世間では「引き寄せの法則」がとてもブームで、スピリチュアルを使って望むものが手に入るならばと、毎日DVDを観て、潜在意識の書き換えなるものに試みる人も多く…。でも、決定的に結果が出る人は少なかったように思います。

そんな流れの中で出会ったのは、気功で病気を治す先生でした。友人から誘われ、その先生のセミナーに参加したのがきっかけです。その友人は軽自動車に乗っていて、後ろから大型トラックに追突され、首から腰のほとんどを全身強打という重症を負いました。専門病院で治療を受けるも、症状は一進一退で、働くこともままならず途方に暮れていたそうです。そんなときに、知り合いからその先生を紹介してもらい、一度の気功治療で瞬時に痛みがとれ、働けるまでになったという体験をしたので、「その不思議さと凄さを知ってほしい」と私を誘ってくれたのです。

「そんな魔法のような話があるなら、この目で確認したい」と、私は興味津々で体験会に出かけました。思ったより大きな会場は、ほぼ満席のお客様で埋め尽くされていました。初めに病気がその気功で治った人、30～40名の方の体験談から始まりました。その内容は今まで私が認知していた医学の力ではありえない話ばかりで、皆さんの素直で純真な姿に驚きました。あまりに患者さんが明るいので、胡散臭いヤラセのように感じる人もいるだろうなと、真正面からは受け止めきれない自分がいました。体験談が終わり、いよいよ先生の登場です。その方は60代前半のとても品のいい女性で、なおかつ凛としたオーラの中ににじみ出る優しさがあふれていました。

1時間ほどの講演で、その内容は、

・**病気になるという意味**

ほとんどが生き方、考え方のズレ

・**気功で治る人と治らない人の違い**

素直に感謝できる人は治るが、頑固で自分が一番正しいと考える人は治らない

・**人生そのものを好転させる方法**

利他の心で、人のために一生懸命になる・言葉、意識、行動を変えること

・意識はエネルギー

すべては自分の思ったことから創られる・目に見えない波動の存在を知る

病気治しのテクニックというよりも、生き方を見直すことによって病が癒え、その後の人生を豊かに生きるためのヒントのようなものでした。そして最後には「誰でも人の痛みをとったり、遠隔で熱を下げたりする力を持っています。あなたもその力を伝受できます」という、気功治療の患者さんへの宣伝というよりも、気功を使えるようになる人を募るという流れに終わりました。

「他の人に気功をして痛みを取っていく行動（利他行）を行う中で、自分の病気が治っていく」と言うのです。その伝受費用は決して安いものではありません。自らが病気でワラにもすがる思いの方には納得できる金額かもしれませんが、健康で一般的な価値観の人が聞いたら、多分、「険しい危ない洗脳詐欺まがいの宗教だ」と判断するに違いないな…と、ここでも客観的に思いました。ですが、私はその女性の先生が言っていることがウソではないと直感で感じました。「いつまでも私のところに集い依存するのではなく、あなた方の中にある可能性を信じて自立しなさい」という言葉に愛を感じました。そして私は、その気功（波動の力）を授かりたいと、何かに導かれるようにあっさりと申し込みをしたのです。

聖書の中で、キリストは手をかざすだけで人々の病を癒やしています。「もし私がその力を持つことができたら、家族や友達のために使いたい。人のために行動することによって自分の生き方が好転するならぜひ試してみたい」と思いました。よくわからなかったけど、わからないからこそ自分で体験し本当かどうか実証したかったのです。

伝授方法は、意外なほどにあっけないものでした。先生が両手を前に差し出し、私も先生に向かい合わせに立ち、両手を差し出し、目をつむり約1分。手のひらにはかすかにビリビリ暖かいものを感じました。たったそれだけです。それ以来、私も人の痛みを取れるようになってしまったのです。初めて試させてもらった友人が「えっ？　くじいた足、痛くない！　さっきまで、痛くて歩けなかったのに！　スキップできるよ！」と喜んでくれたときは、私自身何が起こったか信じられなくて、思わず心の中で「ありがとう」とつぶやいていました。

それから2～3年ほど、その会では病気や魂と人生の密接な繋がりなどを教えてもらい、興味深い情報もいただきました。その中で印象的だったのが、病気を治してもらいに気功に通っている患者さんには二通りある。10の痛みが気功によって5になったとき、「あぁ、かなり痛みが楽になったよ、ありがとう。またよろしくお願いします」と言える人と、「あぁ、まだ痛い、ちっとも治らないじゃないか。いつまで通えばいいんだ」と不平不満を言う人。後者の方は、病気が治らない性質の人なので、病気になった原因もそこにあり、その考え方を変えないと…それに気が付かない限り、病気からは離れられないということ。

手のひらから出る「波動調整治療」というものは、まだ日本では認められにくい分野ではありますが、ドイツではすでに30年以上前から、五千カ所の医療機関が生命エネルギー体への振動医学として取り入れています。日本では気功というと詐欺まがいだと言われ、怪しい治療法ですが、そこには確かに西洋医学に見放された方や先天性で持って生まれた病など、「治らない」と医者に宣告を受けた方が数多く来院し、いとも簡単に苦痛も伴わず治癒している事実があります。

私も車椅子の患者さんが数分の波動調整の後、目の前ですっと立ち上がって歩いたのを目にしたときは、常識ではありえない奇跡という状況が、この世界では当たり前として起こっているのだと驚きました。ですが、一方では「インチキだ、そんなことありえない」と拒絶する人も多いという事実をとてももどかしく思います。

時代は西洋医学以外の代替医療(漢方・ハーブ・アロマ・カイロプラクティック・ホメオパシーなど)の効用もかなり信憑性のあるものになってきました。逆に、今まで絶対だと言われていた西洋医学でも、抗がん剤や新薬に対しての警鐘も多く聞きます。これから医療界も激震が走るような出来事も起こってくるでしょう。しかし、それを握りつぶすほどの大きな力が世の中を操作しています。

そんな世の中の状況で私たちに必要なのは、自分にとっての正しいことを判断する力をつけ、選択の目を養うことです。「普通は」とか「常識だよ」という言葉や、世間一般の大多数の意見を鵜呑みにしていてはいけないということ。自分の感覚の中に自分だけの真実があるのです。狭い視野では何も見えません。

もうひとつお伝えしたいことは、「**利他行**」です。人のために無心で行う行動が循環して自分のためになるという、**宇宙を司どる利他の法則**。病気の自分をさておいて人のために行うとき、自分の病から意識は離れます。「あぁ、辛い。なぜ私だけがこんな目に…」と不満に思う気持ちを、「自分は人のために役立っている」と喜びの気持ちに変えることは、どんな医療技術よりも、本人の自然治癒力をフルに発動させることでしょう。そんな風に病気を克服した人を何人も見ました。私は、今でもその波動調整法を使うことができます。

怪しいと言われても人の痛みがとれてしまう現実は、私とその当事者にしかわかりません。

3ヶ月ほど前に24歳になる娘の首が腫れ、病院で甲状腺の腫瘍だという診断がされました。悪性なら甲状腺ガン…。ふと不安がよぎりましたが、心の奥では「…どうであれ大丈夫だ」と、もう一人の自分の声。専門病院での検査結果は、「良性腫瘍ですが、非常に大きいので首に注射を打って中の水様物を出したいところです。しかし、娘さんの場合は大きく固まってしまっているので、患部にアルコールを注射して溶かしてから少しずつの処置になります。半年から1年経過での治療になります」という、一筋縄ではいかない治療計画を提示されました。何よりその注射が痛いのと、アルコールを注入した後の身体の負担が大きくて日常生活もままならない状態でしたので、その治療を何度も行う恐怖に、娘はふさぎこんでしまいました。

私は願いを込めて、テニスボールほどの大きさになっている娘の首の腫瘍に向けて波動を送りました。2〜3日続けてやってみました。そして2回目の治療で病院に行ったとき、先生がびっくりした顔で、「あれっ？ 小さくなったネ！ 今日は何もしなくていいですヨ。この分なら次回も様子見だけに来てください」と言われたのです。辛い治療からまぬがれて、娘は満面の笑みです。

私の気功で腫瘍が消えたのかはわかりません。ですが、起こりえない出来事が起こり、大切な娘の苦痛がなくなったのは事実です。「娘の甲状腺の腫瘍が小さく消えますように…」と願った私の思いを叶えていただいてありがとうございます。本当に感謝します。このような話をどう受け止めるかは、本当に千差万別で、どう考えるかは個人の自由です。信じるなら有るし、信じないなら無いということだと思います。すべて自分の世界は、自分が決めるのです。

その後の検査で娘は「完治」という診断をいただきました。専門の医師によれば、非常に珍しい事例だそうです。

Column 4

この世にはいろいろな人がいます

100人いれば100通りの考え方があり、
それぞれが自分の考え方が正しいと思い込んで、
自分の価値基準で日々の生活を送っています
（ならば、この世には正しい答えが100通りもあるってこと〜？）
わかっているようで、わかっていないこと…
でもね、ラッキーなことに私たちにはそれがわかるんだ
「NO」と拒絶されるたくさんの経験の中で、
「がーん。人と自分は違うんだ…
まあいいか…そういうものなんだな…」と痛い思いの中、
気付かされるから
相手から見たら私自身が
「自分と考え方の違う人」なんだもん
そう思うと「自分は自分」と自分らしさを大切にして
生きていった方がいいよね
それができると相手のことも尊重できて、
相手を変えようとしなくてよくなるよ
あ〜楽チン

#【第五章】

人生の軌道を変える方法

＊豊かさと幸せの価値観

日本人の国民性で賞賛される特質に、分かち合いとか人に合わせる協調性が挙げられますが、少し見方を変えると自己を尊重することが自分勝手とかマイペースだとか、マイナスな印象に見られるという国でもあります。それは、幼いころの義務教育から、人と同じであるべきという皆に習えの習慣の影響かもしれません。

その中で人よりも良い成績を取り、良い学校に行き、いかに大きく安定した会社に入るか？あるいは、人の上に立てる専門職に就くか、ほとんどの人たちは、この社会のレールをもとに人生を歩み始めます。一概にそれを否定はしませんが、そこに幸せがあると信じてやっと手にした末、往々にして幸せを見出せていない人が多いのも事実です。

私は想像してみました。自分の息子が一生懸命努力して大企業へ入社できたとして、その結果は母親として、子育て成功、世間からも認められる人間を育て上げたとして自慢もできるでしょう。でも、そこからが本番です。そこは優秀な人材の集まる有名企業。その中で、また勝ち上がっていかなければならない環境が用意されているのです。ここまで頑張ってきて、またプレッシャーの中で生き、そのうちに家庭も背負い、家族のためだけに働き続ける奴隷のような人生が続くのです。会社が大きければ大きいほど、満足のいく出世は難しくなります。

私は自分の息子が企業の歯車の一つとして苦しみ抑圧されながら生きていくことは嫌です。とはいえその中でも、意気揚々と出世する人もいます。その違いは何だと思いますか？　それは使命感の違いで、彼らは自分の力を試し、それを収入（お金）に物質化することに楽しみを感じてやっている人たちです。**明確な差は、「その仕事を生活のためにしぶしぶ続けているか」「自分の満足感や達成感を追いかけてワクワクしながらやっているか」の違いです。あなたは今の自分の仕事に対して、どんな気持ちで向き合っていますか？　マストかウォントかどちらですか？**

私は子どもたちにもこう言います。「好きなように生きなさい。ただし自分で決めて自分に責任を持ってやりなさい」。親が子どもに対してしてやれることは、義務教育が終わるまでは、基本的な衣食住にまつわる生活条件の確保、成人を過ぎたら、それからは本人自身が辛いことも嫌なことも悲しいことも経験して、それを乗り越えるのが人生なので、親の出番はなくなると思っています。そこで、親が出しゃばり過ぎると、子どもの成長に大切な経験を奪うことになってしまいます。結局、親であれ子どもの人生を代わってやることはできないわけです。祈りを込めて信じただ見守ることだけが、親から子どもへの愛なのでしょう。

「好きなことをして、収入になって生活できればいいよねぇ」。そんなため息が聞こえてきそうですが、実際にそういった生活をしている人は世の中にたくさんいます。社会の構造的に自分の周りには、自分と同じ環境の方が集まっているというヒエラルキーがありますので、もしかしたら今のあなたの周りには、いないかもしれません。数年前の私も収入のために嫌々働くのが普通で、みんなそうだと思っていました。

でも今は違います。今の私の周りには、好きなことをやってそれが人のためになって、収入に変わっているという心身共に豊かな人たちがたくさんいるからです。両方の世界を体感できた私だからこそ、その事実をお伝えしたいのです。

＊あなたの中のピュア・スピリット

「思った通りの人生を生きている」

「自分らしく生きている」

「感謝にあふれる人生だ」

そんな感覚があふれ出たとき、それがピュア・スピリットと繋がった状態です。本来、すべての人が繋がっているもので、「気付いた」と表現したほうがしっくりくるのかもしれません。自分の中のピュア・スピリットに気付くと、日常のすべてが愛と奇跡のエネルギーだと感じます。洗濯物を干しているとき、美しい夕日を見たとき、家に帰るために道を歩いているとき、美味しい御飯をいただくとき、本屋さんで本を選んでいるとき、ピアノを弾いているとき、心地良い風に吹かれているとき、仲間と笑っているとき…すべてが、大いなる存在からのギフトだと気付き涙があふれてくるでしょう。

「毎日が生活に追われ大変で、そんなこと感じる余裕などないわ。綺麗事で胡散臭い話だわ。私には関係ないし、私はそんな夢のような幸せにはなれないな」。そう思っている人いませんか？でもね、すべての人が自分らしい幸せを手にできるようになっているのです。それを認めないから、思うように生きていけないのです。一度きりの人生なのだから、思いっきり満喫したいじゃないですか。経済的な不安もなく好きな人ばかりに囲まれて、時間の自由もあってそれを謳歌する健康にも恵まれ…。そんな風に楽しく過ごす人生もありですよ。

女性は結婚や子育てをする中で、自分の人生に無意識に制限を作ってしまっています。御主人がいれば、ある意味、御主人の人生のキャパシティー内で生きていくことになります。シングルであれば、社会的弱者という立場におかれ、なかなか余裕のある生活ができる環境にはなりません…、という暗示にかかっているのです。そう、私たちは幼いころから両親や先生、周りの大人たちに制限のある社会の価値観を植え付けられて育ったのです。集団生活の中で皆に習えと教わり、その中で勉強を頑張って人よりも良い学校に入り、大きな会社に就職して、適齢期まではお嫁さんになって子どもを産んで、子どもを良い子にしつけをして、そしてその子に同じような教育をして…。大きな会社に入るか、先生と呼ばれる人の上に立つ仕事を良しとする…。それが人生の勝ち組であるかのような世間的価値観がありますが、果たして本当にそれが幸せなのでしょうか?

本当の幸せとは世間の価値観で計った、良い条件をクリアした環境にあるのではなく、それぞれの心の中の満足感にあるのです。あなたの心の中には満足感は膨らんでいますか? 自分の人生を肯定できていますか? あなたの中のピュア・スピリットは、いつでもメッセージを送っています。そして、いつでもあなたを最善に導き守ってくれています。

まずは素直になって、自分が幸せになれることを認めてください。そして勇気を出して何か新しいことを始めてみてください。とにかく、あなたがやりたいことをしてください。直感を信じ本当に行動したならば、必ず未来は変わります。

＊今ここを生きるって？

私たちは毎日一生懸命に働いて、あれこれと何かに思い悩みながら生きていますよね。

「お金がなくなったらどうしよう」

「病気になったらどうしよう」

「子どもが大変なことになったらどうしよう」

「夫が浮気したらどうしよう」

「両親が介護状態になったらどうしよう」

悩みは尽きません。考えれば考えるほど、もう、そうなってしまうと決まったような不安に襲われ、恐怖と不安のスパイラルに迷い込みます。毎日毎日、そのことで頭がいっぱいで。心当たりありませんか？　少し前まで、私もそうでした。私の人生、どんどん大変になっていくだろう…と勝手に予想して不安でグルグル巻き。そのころ、目に止まったワードがあります。

「今、ここを生きよ。心配をするな」

当時は意味がわかりませんでした。「そんなことといっても、大変な将来に備えておかないと不安で生きられないよ」と心の中でつぶやく私。あれから数年。今はわかります。過去、いろいろ大変なことがあったけど、ちゃんと今こうして本が読めているでしょ？　そう、必ず乗り越えているのです。心配するようなことは、そんなに起こらないし、起こったとしても何とかなるから…。

過去も未来も、あなたが勝手に創り出しているただの想像の世界です。今は、この瞬間しかありません。せっかくの人生を、不安な未来に焦点を当てて生きていたらもったいないです。リアル時間の「今」を楽しみ尽くそう！　そんな感覚で毎日を過ごすことができたら、その積み重ねの人生は、とても自分らしい有意義な時間になるでしょう。そして、未来の自分を任せられるように、今の自分は何をしたら良いのか？　それは、自分自身を信じることです。信じることができないのなら、できるように日々を生きてください。小さなことから成功体験を積み重ねるのです。

「毎日トイレ掃除をする」
「日記を書く」
「仕事の目標を必ず達成する」
「毎日トレーニングをする」

とにかく、何でも良いので自分との約束を守ってください。信頼できる自分になるのです。「私は大丈夫！　何があっても大丈夫！　そのときの自分が何とかするわ！」。あなたの将来は、どこかの男性ではなく未来のあなたが守ってくれますよ。

＊あなたらしさを見つけ、変化しながら生きる

人から自分がどう思われているか？　ということをすごく気にする方がいますが、どう思われていようが、自分は自分。自分が思われたいようになんて、人は思ってくれていません。これを知ると、生きるのがすごく楽になります。10人の前で同じ話をしても、10人が10通りの解釈をしているのです。自分が伝えたいようには、ほとんど伝わっていません。

人は皆、自分が経験してきた中での理解しかできないので、すべての出来事をその人特有のフィルターを通してみているからです。そのフィルターはそれぞれ違うので、あなたが赤色だと思っている赤色と、AさんBさんの思う赤色は違っているかもしれません。

そういった視点から物事を見ていくと、何が正しくて何が正しくなくてという価値観すら、本当のことはないとまで思えてきます。すべての人が、自分の人生を自分だけで請け負っています。一緒に住んでいる御主人もあなたが産んだお子さんでさえ、それぞれの人生を一人で生きているのです。人は一人で生まれ、一人で旅立っていく…。この世に別れを告げるその瞬間に自分がどう生きたか？ すべて問われるのです。

人が亡くなるときに何を思うかは、「～をしなかった」という後悔が一番多く、ほとんどの方が悔みながら亡くなるという話を聞いたことがあります。それをやらなかった原因は、人の意見に従ってしまった、他のことを優先し後回しにしてしまった、自分にはできないと思った…。そして思います。「**もっと自分を大切に生きればよかった**」と。

私は、それがピュア・スピリットからのメッセージだと感じます。ピュア・スピリットとは、自分の中の私としての根源エネルギーであり、すべての物と繋がる大いなる存在・無条件の愛に違いありません。あなた自身の中に無限の愛が流れあふれ出る中で、そのエネルギーに導かれ生かされている…。それを知るということが人生の意味だと思います。

私はピュア・スピリットを感じる前と後では、全く人生観が変わりました。すべて進化・成長変化していくもの…人もそう。それを知れば、今ある人間関係のイザコザもお互いの進化・成長のための過程、ただのプロセスなのだと認め合えるでしょう。パートナーとの関係性も不安だと思うから、結婚によって永遠の愛を誓い、そして裏切っただの変わっただのと不満が出てきます。変わらないのを望むのは相手をおさえつけるあなたのエゴでしかなくて、永遠の不変の愛など不可能です。お互いに進化・成長しながら自立をし、愛され続ける努力をし、歩み寄りながら受け入れながら支え合って生きていくことが本当のパートナーシップだと思います。

人には無限の可能性があると、それを知った今、私は「自分の中にすべてを可能にするエネルギーがあるならそれを使いこなしていこう。その自分を信じてみよう、チャレンジしてみよう、何もしないまま生きるのはもったいない」という感覚になっています。すべての出来事に意味があるのなら、自分の人生は自分で選択して生きているように思っているけれど、もっと大きな力で操作され見守られていると感じます。

シンクロニシティ（偶然の一致）といわれる壮大な演出に、感謝の念が湧いてきます。であるならば、日々の行動や考えは自分で責任を持って選択し、その積み重ねとなる大きな人生の流れにおいては、見えない力を信頼し流れにゆだねていけば良いとわかります。辛いことや嫌なこと、うまくいかないことがあっても、何か意味があるのだな？　と視点を変え、そこから人生のプラスになっていくという流れに乗っていけると、生きていくのがすごく楽になってきます。

＊感情のボリューム

性格って生まれ持ったものでしょうか？　「私は引っ込み思案で人前で話すのが苦手」「私はさみしがり屋だから、一人じゃダメなの…」「あの人、キレやすいよね」「彼女って能天気な人だね」。世の中にはいろいろな性格の方がいます。そして、ほとんどの方が性格は変わらないと諦めてしまっています。でも、そんなことはありません。性格は自分を知ることで調整ができるのです。

性格のベースとなる感情は４種類に分類されます。

（1）衝動…悲しみ、怒り、憤り、照れ、喜び、可笑しさなど
（2）反応…驚き、悔しさ、当惑、恐怖、失望、安心など
（3）態度…愛、恋、感謝、興味、憎しみ、嫉妬、哀れみ、罪悪感、軽蔑など
（4）気分…幸福、誇り、希望、自信、楽しさ、淋しさ、倦怠感、不安、焦燥感、憂鬱、不平不満、無力感など

普段は意識していませんが、このような感情を感じながら、私たちは生活しています。この感情の種類は人間すべて平等に持ち合わせていますが、ポイントはそのボリュームにあるのです。愛と感謝のボリュームが大きい人と、怒りと失望のボリュームが大きい人では、同じ状況でも反応はまったく違うものになります。

例えば、喫茶店に入ってオーダーした飲み物がなかなか持ってきてもられないとき、前者であれば「ちょっと遅いな～、どうしたのかな。まあ、混んでいるし、ウェイトレスの子も慣れてなかったみたいだから、忘れちゃっているかな？　もう少し待ってみてこなかったら、彼女が叱られないようにこっそり呼んで確認してみよう」と、判断するでしょう。では、後者はどうでしょうか？

「もう！　遅いな〜！　喉が渇いたから早く飲みたいのに、こんなに混んでいてこの店は最悪だわ。さっきのウェイトレスもボーっとした子だったから、忘れているんじゃない？　もう、あんな遠くにいるし…。私がこれだけ迷惑していることを知らせるために、大声で呼んでやろう」と、その後の行動の違いにも歴然と差がでるでしょう。

もう一例。あなたが行きたいイベントにお友達を誘いたくて電話をかけたけど日程が合わないのを理由に断られたとき、「日程が合わないのは嘘で、本当は私のことが嫌いなんじゃないか？　そういえば、この前もお断りだったし…。何度も誘ったから、くどくて嫌がられたのかな？　○○さんとも仲が良いから、二人で私の悪口言っているかも…。昨日、あいさつしたときも無愛想だった気がする。そうだ、きっとそうだ」と、当惑、不安、罪悪感のボリュームが大きい人は、こんな風に勝手に想像して、自ら勝手に関係を悪くしてしまいます。もし、希望、自信、幸福の感情のボリュームの方が大きければ、「残念、一緒に行きたかった。前回もそうだったっけ。何度も断らせてしまって申し訳なかったな。今度からは、前もって日程を伝えておこう。そうだ、○○さんを誘ってみよう。今回は二人で行って、お土産でも買ってきてあげると喜ばれるかも」と、今後の人間関係までにも影響してきます。

人は自分の鏡と言われる所以も、ここにあります。それは、自分のボリュームが大きいあるいは小さくしたい、と思っている感情には特に敏感に反応するので、人が発する感情が引っかかるとき、あなたも同じような感情レベルを持っているということがわかるのです。「人生良いことがない、不安だ、寂しい」と感じている方は、少し自分の発する感情に心を向けてください。どんな感情を持つかは、ただの癖・過去からの習慣なので、何かモヤッとしたときには自分がどんな感情に巻き込まれているか、観察してみてください。感情は反応なので必ず浮かんできます。でも、選んで変えることもできるのです。癖で何となく選んでいる感情の積み重ねが、性格のベースとなっていて、その性格が考え方を変え、言葉・行動に影響するなら…。永い目で見たときには、人生のすべてがあなたの選ぶ感情で創られていくということではないでしょうか。自分自身の内面に意識をもって、感情を自覚していきましょう。

＊ピュア・スピリットからの導き（1）

世の中には、スピリットの力を使って思い通りの人生を歩んでいる方がたくさんいます。その方たちは、今までの人生もこれからの人生にも満足し、絶対的な幸せを感じています。そして、それを求めている方たちにも実感してほしくて、いろいろな方法でアウトプットしています。ですがそれは一足飛びではいかず、個々の経験の中でしか階段を登ることができません。

私の場合、それは「収入を得て自立をする」という課題からやってきました。何の取り柄もない40歳の主婦が社会で成功するためにしたことは、まず本屋へ行き「営業の基本」「決まるトーク」といった営業スキルを上げる本を購入しました。どうしたらお客様に良い印象を持っていただけるのか？　どう説明したら商品の良さが伝わるのか？　徹底的に営業職のノウハウを知ることによって、ただの主婦からセールスウーマンとしての自信をつけたかったのです。

営業の基本を学ぶことによって仕事のコツも掴んできて、少しずつ結果にも繋がってきました。数字がコンスタントに上がってくるようになると、次は「自己啓発」「成功法則」など、人間の内面の向上に興味を持ちました。このコーナーには成功へ導くありとあらゆるキーワードがあります。「**感謝の言葉を口に出す**」「**トイレ掃除を毎日する**」「**強い信念を持つ**」「**思考をポジティブに変える**」「**夢の切り抜きをボードに張る**」「**座禅・瞑想をする**」「**潜在意識を使いこなす**」「**鏡の法則**」「**波動を高める**」など、私はフルコミッションの仕事で成功するために、これらの指南書の言われる通りにすべて実践してみました。今はその当時の苦しさこそがチャンスだったと思えます。

生活費を捻出するために活動を始めて3～4年経ったころ、以前の経済困窮からはかなり改善してきた手ごたえを感じてきました。娘は希望する私学に通い、部活動で夢だった全国金賞を受賞。そして私立大学入学、彼女の通学の安全のために、地下鉄の駅から徒歩3分の場所に新築マンションを購入。息子は野球のクラブチームで高校野球を目指し、私もちょっとお洒落なドイツカーに乗って…。数年の間で年収が何と10倍にもなっていたのです！　自分の身に起こった事実ですが、自らの力ではないことは本人が一番わかります。自分の力ではなく、成功法則・**自己啓発を本気で実践したらこうなったのです！**　自分自身の本質は何も変わっていません。ただ、本気で行動し、考え方を変えただけで新しいステージへと流れが変わったのです。ここに何か大きな目に見えぬこの世のしくみが隠されているような気がして…。それから私は精神世界・スピリチュアル・宇宙の法則というような思想哲学にはまりこみました。ヒーラーやスピリットマスターに頼っていた以前の私ではなく、自分の中の神性に突き動かされるような衝動が起こりました。これを魂の叫び、とでもいうのでしょうか。外に求めていたものはすべて自分の中にあった。今まで学んできたあらゆる情報のすべてが、点となり線で繋がったのです。

＊ピュア・スピリットからの導き（2）

自分の人生は自分の思い通りにできるのです。

「そんなこと信じられないわ。だって私はこんな人生望んでないのに…」

そう思った方、実はそれが叶っているのです。幸せになりたいのに、現実はそうじゃないと思っている通りになっているのです。いわゆる「引き寄せの法則」です。量子物理学では人間の意識も目には見えないけれど、素粒子の波・エネルギーだと表現されます。その素粒子の波は人間の想いによって常に形を変えていて、その意識や考えていることを形創ります。私は幸せではないと思っていれば、幸せでない形が創られてきて、それが現実となるのです。なので、意識・想いがとても大切なのです。

物質的な引き寄せを例にたとえるなら、「車が欲しい」と願ったとして、そこには3つのポイントがあります。「車が欲しい」と思っていると、「車が欲しいと思っていること」が叶ってしまいます。なので、もうすでに手に入っているようなワクワクした感覚になることが先決なのです。そして「車が」という表現もネックで、もっと具体的にどんな車種で何色という明確な意思表示がなければ、ミニカーや動かない車が手に入ってしまうという笑えない話にもなりかねません。

そして最後のポイントは、実際に行動するということ。願いを口に出したり、カタログを取り寄せたり、見積もりをしてもらったり…。無理だと思うのではなく「そうか、こんな感じで手に入るのだ」と現実の意識に落としていくなど、何らかのリアクションを起こさなければミラクルの風も吹きません。手に入ったときを想像してワクワクして毎日を過ごすのです。シンプルにいえば、自分を信じ人生を信じることですね。例え望んだものが手に入らなかったとしても、それはそれで意味があると、そこまで自分の人生を信じきることができたら、これからのあなたの人生は軽やかに宇宙の流れに乗っていけるでしょう。

自分を信じる、その源がピュア・スピリット。そこには無限の可能性が湧きあふれていて、すべての人の中にある愛の泉。なぜ、気付かないの？　それは制限をするから…。あなたがあなた自身に制限をしているから。「私はこのくらいの人間だ」と自分で枠をつくってしまうから。「あれはダメだ、これが正しい常識」といわれるせまい価値観の中ですべてをジャッジしながら生きるから。まず、自分がその枠をとりはずし、自由な思考を許してみてください。起こる出来事にはすべて意味があり、どんな状況でもすべてＯＫ、すべてはうまくいっている。人はそれぞれ自分の人生だけを感じ、学び歩んでいるのだとしたら、それでいいじゃない？　あなたの人生もあなただけのもの。唯一、あなたが主役であり、それを演じ、責任をもって全うしていくだけのことです。あなたの想い・感じ方・考えを大切に、表現をして生きてください。それが、あなた自身のピュア・スピリットの願いです。大丈夫、あなたは守られています。

＊ステージが変わる合図（1）

自分らしさを見つけようと一歩踏み出したとき、必ず起こる出来事があります。それは、周りの人たちからの抵抗です。自分らしさ…それは精神的自立。私は私、と言える自分軸。今までのあなたと付き合ってきた人は、自分らしさを取り戻したあなたに淋しさを感じます。「最近、どうしたの？　なんだかおかしいよ。あなたらしく元に戻ってよ」と引き戻そうと彼らなりの助言をしてくれるでしょう。

人間には、コンフォートゾーン（安全地帯）というものがあり、そこから出ると居心地の悪さや不安を覚えるものです。普段、生活している環境の中にいる人同士は、そのコンフォートゾーンもほぼ同じレベルなので、違和感を持つことなく過ごしていけます。ですが、例えばあなたが大企業のオーナー夫人の集まるパーティーに誘われて、一流のホテルで会食を楽しむ機会があったとしたら…、あなたは心から楽しめるでしょうか？　豪華なお食事と普段では聞くことのできない話題に興味を持つかもしれませんが、その反面、「早く帰りたい。ここは場違いで居心地が悪い」と思う自分も想像できませんか？　その居心地の悪さは、一言でいうと価値観の違いでしょう。

そこに集まる方々とあなたの価値観が違うので、相容れにくいのです。どちらが良い悪い、正しい正しくない、ということではなく、**世の中は多階層でできており、同じような価値観を持った人たちが集い寄り添い合って生きていると知ること、そしてそれを認めあうことが大切なのです。**

今、あなた自身はどのステージにいますか？「お金が足りないから節約しよう。限りあるお金だから、少しでも貯めておこう」という意識か、「お金は循環するもの。生きたお金の使い方をしよう。人生を楽しむために必要なツールだ」と思うのか、「世の中の常識は正しい。生きてく上で大切なのは、人様に迷惑をかけないで真面目にこつこつと働くことだ。それが幸せなのだ」と考えるのか、「生きる意味とは自分らしさを発揮すること。常識にとらわれず、自分の価値観を大切にしながら調和する中に幸せは生まれる」と思うのか。

どの選択も良いのです。あなたが自由に選べば良いのです。そして、それがあなたの世界観となってそれに見合った環境・状況の現実を創り出すのです。

＊ステージが変わる合図(2)

では、そのステージを変えるにはどうしたら良いのでしょう？　あなたの現実は一つしかないように見えますが、**現実は無数の可能性の中にあり、目の前の現実はあなた自身が選んだその可能性なのです。**スピリチュアルな世界観には、パラレルワールドといわれる概念があります。パラレルワールドとは、ある世界から分岐し、それに並行して存在する別の世界で、並行世界、並行宇宙、並行時空ともいわれます。

「もし、あのとき、違う決断をしたらどうなっていただろう？」。誰しもが一度はそう考えたことがあると思います。その違う決断をした自分が生きる世界が、今の現実以外に何通りも存在するとしたら…、それが、パラレルワールドです。何が違うかというと、それぞれの持つ周波数が違う世界だそうです。ＳＦのドラマのストーリーのようですが、量子力学では多世界解説（観測するたびに枝分かれし、それぞれの世界が同時進行していく）として解釈されています。

私は人生のステージが良くも悪くも変化するのは、このパラレルワールドの変化ではないかと考えています。あくまでも私の見解なので、本当のところはわかりませんが。引き寄せの法則にしろ、成功法則・思考の現実化、などのスピリチュアルワークは、結局のところすべて自分の発する波動を細かく高めていくワークなのです。ネガティブな思考ほど粗く重い波動で、愛と感謝に充ちあふれるほど細かく軽い波動を発します。であるなら、自分の内面を磨いていく中で波動の質が上がり、知らず知らずにその波動と同じ並行世界へ移動をしたと考えることはできないでしょうか。**瞬間の思考・選択であみだくじのように行く先が変化してきたのです。そして、今もその流れの中にいるのです。今、あなたが感じ、選択した思いが人生を創るすべてなのです。**

幼いころから目に見えない世界に興味を持ち、人生の真理をずっと求めていました。そんな私に人生の軌道修正が起こってから、約10年。たった10年の間に、住んでいる場所、家、パートナー、職業、収入、車、周りの友人、容姿、考え方、夢、家族の環境、それらがすべて良い方向へ変わっています。願ったこともほとんど叶っています。以前は、夫婦仲も悪く、夫は失業、私は病み上がりで子どもを塾に行かせることもできず、賃貸の家賃を払うのにも一生懸命な生活でした。

今は心身ともに健康で、経済も時間も自由でベストパートナーにも出会い、やりたい活動だけをして大好きな仲間に囲まれて楽しく生きています。時間の流れは、紛れもなく繋がってきたように見えますが、現実の環境と意識レベルは別人のようです。**私に起こったミラクルは、誰にでも起こるのです。世の中の人たちが、みんな自分らしい生き方ができ、心からの幸せを感じられる人生になったとしたら、この世の中は変わるでしょう。**

このパラレルワールドの話が本当なら…、自分の人生は自分で創っているという考え方も腑に落ちます。そこに気付いた人は今までの考え方を振り返り、自分の内面に興味を持ち、自己探求に目覚めるでしょう。人生の変わるきっかけはそんなところから動き始めるのです。

Column 5

幸せのバロメーター

人はね、常に自分のもう一人の自分と対話をして生きています

一人は「この世で修行中の人間」

もう一人は「あなたの中にある神性(本質、魂)」

すべての答えは自分の中に持っています

だから自分の心に聞けばいい

頭で枠にはめ込んで考えるのはやめて

直感で感じればいい

「清々しくてワクワクする感覚」が魂からの答えです

日々の選択をそのバロメーターに従って進みなさい

それが、あなたに与えられた完璧な人生の道標だから…

【第六章】唯一無二な存在のあなたへ

運命と宿命について

*大いなる存在ってなに?

この宇宙には、目には見えないエネルギーが満ち溢れています。見えないけれど必ず存在するもの、例えば一粒の種を土の上に撒くと、水と光を栄養に変えて、小さな芽を出し花を咲かせ実を結びます。これは必ず起こる変化ですが、あの小さな固い粒の中にいったい何が入っているのでしょうか?

それは進化・成長のエネルギーです。女性の子宮に命が宿るとき、その女性が操作できることがあるでしょうか? すべて自然の営みにお任せのはず…。生命の根源DNAは現代の最先端な科学でも解明されていません。それが自然生命エネルギーです。私たちは宇宙に浮かぶ一つの星・地球で、太陽の光や月の引力、地球の重力等を当たり前として生きていますが、銀河系の中でいくつもの星が規則正しく動いているからこその環境です。その規則正しい動きが宇宙エネルギーです。

それら、私たちが普段当たり前と思っていることの中に、大いなる存在があるのです。大いなる存在・自然の叡智、宇宙の法則、サムシング・グレート、神、呼び方はさまざまありますが、どれも同じです。人間も、このエネルギーがなければ存在できません。自分の生命の根源であるDNA自体が自然生命エネルギーであるなら、自分の本質も自然の一部であるということ…。それを知ったときに人は生かされている奇跡に気付きます。あなたの源も自然生命エネルギーです。**この広い宇宙の中で、あなたの存在は唯一です。偶然、生まれたわけではありません。あなたにしかできない役目が、必ず何かあるのです。**

*運命は生まれたときから決まっているの？　変えられないの？

いつどこでどんな環境で産まれるか？　というような宿命は変えられませんが、運命は変えられます。というより、変えるためにこの世に生まれてきたと言った方がわかりやすいかもしれません。もちろん運命の中で経験する、おおよその青写真は決めて産まれてきます。そして、その経験から、何を感じどう選択して学んでいくか？　その中で運命の方向性は変わっていくのです。

何か大きな出来事があったときに、「これは私の運命だ…」と諦め、ただ流されるのではなく、「これは何を学ぶ機会なのだろう？　神様は私に何を知らせたいのだろう？」と受け止め方を前向きに変えていくことが大切で、それによって視野がひろがり、人生そのものの着地点も変わります。その積み重ねこそが、生まれ持ってきた運命の青写真を使って自分の人生を生きるということでしょう。運命も人生もあなた次第です。

＊私ばかりが不幸な気がして…不公平じゃない？

人と比べることはできません。同じ現実を生きているかのように思いますが、実は一人ひとり生きている世界が違うのです。産まれてくるときも亡くなるときも人間は一人です。そのときに存在するのは、自身の個の意識のみ。現実の意識状態から説明すると、結婚して一緒に暮らしている夫でも、結婚する前の過去の経験があり、現在の生活の中でも一緒にいない時間の夫もいるわけで、そのすべての経験で夫の世界観ができあがっているのです。なので、あなたと感じることも違えば、思うことも判断基準も表現も優先順位も違うのは当たり前で、本人にとっては、自分の世界観ではそれが正しいのです。

一番身近な夫でさえこんなに違うのであれば、友人知人ならなおさらですよね。その考え方でいくと、**この世は人の数だけの世界観があり、正しいと思う基準も幸せだと感じる基準も違う**わけです。あなたが、「あの人は幸せそう、私は不幸」と思っても、実際のあの人の心の中は本人しかわかりません。それから、運命・学びの違いという観点からみても、人と比べることはナンセンスです。

あなたの今世の取り組みが経済的自立だとしたら、まずは経済的な困窮という環境におかれるでしょう。その環境からでないと、取り組みが全うできないからです。そんなあなたは、玉の輿に乗って、社長夫人になった友人が羨ましくてしょうがありません。専業主婦で洒落た外車でデパートにお買いものに行く姿が眩しく見えます。ですが、その友人の今世の取り組みが、自己自立だったなら。その取り組みのために、まずは安定した環境に置かれ、そこから自分自身で飛び出す…という勇気のいる決断を迫られる状況になるのです。社長である夫は若い愛人を囲い、家にも帰って来ない。ですが、離婚する兆候など一切なく、跡継ぎである長男の子育てを任される代わりに無制限のカードを与えられ、何にどれだけ使おうが許される生活。そんな中でのデパートでの買い物の光景を、あなたは見かけたのかもしれません。

どうですか？　それでも、羨ましいですか？　**すべての人がそれぞれの課題を持って生まれてきて、その課題に気付きクリアするために人生を歩んでいます。**みんな、運命の背景が違うのです。なので、人とは比べようがなく、まずは自分自身の課題に気付くことからです。

＊生きる意味って？

朝、目覚まし時計の音に慌てて起こされ、バタバタと夫の朝食の支度を済ませて、子どもを保育園に送りとどけて職場へ向かう。夕方まで、毎日代わり映えのしないルーティンワークと同僚の愚痴、退社時間を待って急いで買い物をして家に帰れば、子どもの世話と夫の夕飯作り。お風呂にもゆっくり入れないまま、子どもを寝かしつけながらうたた寝…。ふと気が付けば時計は12時。慌てて洗濯機をまわしながら、テーブルに置いたままの夫の食事の後片づけをし、ようやく布団に入れたのは夜中の2時、そしてあっという間に夜明けがくる。もう何年も、日々このパターンの繰り返し。子どもの成長はうれしいけれど、私はこのまま歳をとって老けていくだけなのかな？　この先、夫の出世の見込みもないし、家のローンのために私もずっと働き続けないといけないのかな…。今でさえ生活が苦しいのに、子どもの教育費がかかってきたらどうしたらいいの？　お先真っ暗。一体人生って何？　私は何のために生まれてきたの？　そんな風に感じて生活している女性はたくさんいます。

同じことの繰り返しの生活にはまってしまうと、生きている意味がわからなくなります。そして、ほとんどの方が「子どもの成長が生きがい」という大義名分で納得しようとします。大いなる存在、神があなたをこの世に送り出したのは、あなたにあなただけの役目を全うして欲しいからです。まずはそれを信じてください。目の前の生活にうもれて人生を無駄にしてはいけません。女性が子育てをするのは立派な仕事ですが、それ以外にももっとあなたを表現できる何かを見つけてください。

生きる意味とは、あなたらしさを思い出して、表現してイキイキと生きること。そのあなたの放つ輝かしいオーラに人は気付かされ癒やされ、そしてイキイキの連鎖が起こります。まずは、あなたが個として輝くことで、世の中を変える担い手の一員となるのです。イキイキとしたあなたらしさを見つけることが、生きる意味でしょう。自分らしさがわからなければ、今の生活の中で、どんどんチャレンジして何か楽しみを見つけて膨らませてください。

今は、インターネットが普及しています。そういった媒体をうまく使えば、一般の主婦でもチャンスはいくらでもあります。勇気を出して、行動してください。一歩踏み出せば、ちゃんとあなたのガイドが導いてくれるでしょう。あなたが産まれてから今日までずっと守ってくれている、目に見えないガイドの力を信じてあげてください。彼らはあなたをサポートし、あなたの魂を輝かせることがお役目なのです。

成功とお金について

*女性ならではの成功ツール

一人の女性が自分の力だけで、男性有利な現代社会の中に勇敢にも飛び込み、成功しようと行動する。そんなチャレンジをするには、何かそれなりの事情があるか、精神的にブレイクスルーが必要な女性にちがいありません。そこには並大抵以上の事情と原動力があるのでしょう。結論からお伝えしますと、その原動力を基に成功の法側にのっとっていけば、男女関係なく道は開けます（道は開けますが、必ず成功する訳ではありません）。逆に言えば、成功の法則を知らずして永続的な繁栄は難しいと思われます。

有名な成功法則に、〈成功＝能力×熱意×考え方〉という公式があります。成功するためには、基本的な能力と、その取り組みにかけた熱意の量・温度が基本になり、最終的にはその人の考え方がプラスなら成功も倍増しますが、いくら能力があっても考え方がマイナスなら結果はマイナスになってしまうという公式です。その〈考え方〉の中心となるのが、〈宇宙の法則〉なのです。「現実的な社会的成功」と「目に見えないスピリット」は、一見対局にあるように思いますが、経営の神様として名を連ねる方々は苦悩の時代に必ず自分と向き合い、そして大いなる存在・神に気付いています。そして大きな成功を手にしていくほど増々謙虚になり、宇宙から与えられた自分の役割を全うしようと、世のため人のために生きています。自分がこうなったのは自分の力ではない、とハッキリと解るからです。同じ経営者でもそういった考えに至らず、この成功は自分の力で勝ち取ったという考えの方もいますが、そのような方は、往々にしてはだかの王様のような状態で永続的な成功はあり得ないでしょう。

私も個人事業主として活動してきた中で、成功するには自分の内面との対話が一番大切だと確信しています。それから、女性だからこその特権を活かした成功のツールも見出しました。それは母性です。女性なら誰でもが持ち合わせている母性こそが、女性の社会的成功に必要なツールなのです。

母性とは、子どもを守る〈本能・優しさ＝無条件の愛〉ですが、無条件の愛と成功とどう関係があるのか？ それはお客様や仕事のパートナーなど、自分の周りにいる人たちに優しい気持ちで温かい眼差しで接することや、母親のような安心感で包み込む母性のオーラを発するあなたでいれば、髪を振り乱して成功を追いかけなくても、周りの方の応援で道は開けていくでしょう。

男性と肩を並べて勇ましく勝負を挑まなくても、経済社会の中でも女性は女性らしく母性を育みそれを惜しみなく前面に出して活動したほうが、スムーズに結果に繋がると思います。無条件の愛という究極のスピリチュアル性と現実の成功との融合です。

＊魂磨きこそが仕事の意味

前の章で注意書きを挟んだのですが、いくら成功法則にのっとって活動してもなかなかうまくいかない方がいます。いや、うまくいかないと感じている方と表現したほうが的確なのですが、実はその感じこそがうまくいっている状態です。頭がごちゃごちゃになりそうですね。わかりやすく説明しますと、何度もお伝えしているように、世の中の人すべてが異なった現実を生きています。そして、それぞれ人生の役割が違うので、顕在意識での目的・目標はもちろん違います。なので、就いている職業も活動もさまざまで多岐に亘りますよね。ですが、その活動の報酬が基本的にはお金という対価で換算される世の中ですので、たくさんお金をもらうということに焦点がおかれ、それが多ければ多いほど成功のステータスという風潮になっています。〈成功＝お金をたくさん持つこと〉それはそれで間違いではありませんが、もっと深いところに人生の成功は身をひそめています。

成功法則通りにやってみても思うように経済が回らない人は、その方の人生の成功にはお金というキーワードはないのかもしれません。もちろん、物質社会の世の中で、お金が無いよりもあった方が生きやすいことは確かです。ですが、その方にとっての成功はお金ではなく自己表現かもしれないし、外的要因ではなく自らの内面との調和かもしれません。皆が競争のように仕事をしたところで、それぞれの魂の導く方向が違うなら目に見える結果も違うでしょう。

大切なことは、人と比べることなく自分に課せられた目の前の仕事を精一杯に取組み続けること。そうすることによって、少しずつ人間成長をし、魂が磨かれ、本当に求めていることが見えてくるのです。少しばかり携わって「これは私に向いていない。自分の使命ではない」などと、すぐに投げ出す人は自分の人生の使命に気付くことはないでしょう。まずは、自分が苦手とするうまくいかない環境の中でも、正面から取り組み無我夢中で続ける…。辛く嫌な出来事を乗り越えていく。「やりたくないことはやらなくていいよ」という甘いフレーズを都合のいいように表面上で解釈することなく、「自分の本当の使命を知りたい」というスピリットの流れの中で、現実にしっかり足を付けて生きる、あなたの中の本物のスピリチュアリティーを育んでください。

*お金が集まるのにはルールがあります

お金をたくさん得るためには、どうしたら良いと思いますか？　人よりも長い時間働く、高額な賃金がもらえる職場で働く、節約して貯金をする、起業する、投資をするなどが一般的でしょうか。どれも、間違いではありませんが、もっとスムーズにお金が集まるコツがあります。それは、**人に喜んでもらうことをする**ということです。例えば、サービス業の方なら「あと1時間働けば残業代が付くから、やりたくないけど残ろう」という動機で残業をするのか、「このお客様が帰られるまで私がお世話しよう。最後まで楽しんでいってもらおう」という気持ちで残業をするのでは、発生するお金のエネルギーが全く違うものになります。後者の考え方で残業をすると、お客様にも温かい気持ちが伝わり、最終的に「ありがとう。あなたのお陰で楽しく過ごせました」と逆にあなたが幸せをいただくことになります。そして、良いエネルギーで循環したお金はまた良いお金を連れてきます。

そのように、**喜んでもらうということを行えば行うほど、良いエネルギーのお金が集まってくるのです。お客様にも喜ばれ、自分自身も感謝をいただき、それが賃金となってめぐってくる。という流れが幸せなお金の集まるルールと言えるでしょう。**ただし、「人のために…」というところに自己犠牲の意識を持たないでください。私さえ我慢をしたらいいのだ、ということではありません。あくまでも、それをすることで自分の心が満たされることが大切なのです。自分がしたいからするのです。**与えることの想いが、受けとるものの質に変わってくる、ここにも〈宇宙の循環の法則〉が流れています。**

どれだけたくさんのお金があっても、人を騙したりやりたくないことをして集まってきたお金は、あなたに満足感を与えません。それどころか、いつか無くなってしまうのではないか？　人に取られるのではないか？　とか、不安や苦しみを増大させます。お金の量に比例してマイナスの不安が多くなります。このお金は自分のものという執着がそうさせるのです。なので、私たちはお金をいただく器と人間の器を同時に広げていかないと、最終的には没落し、孤独で病気になってしまうかもしれません。**人間的な成長（魂磨き）の中でおのずと、足るを知るという心も育ちます。**

足るを知るとは、不満足の現実をしかたなく諦めて現状で満足させようという自分騙しではなく、「もっと欲しい、もっともっと…と、増幅していく欲望を追いかけ続けても、どこまでいっても欲望は途切れない。自分の身の丈の幸せを見つけ、それ以上は必要がないのだ」と、気が付くことです。**お金に振り回されず地に足をつけて生きるには、自分がやりたいことをして人に**

喜んでもらう。そして、あなたの心が満たされることが一番大切です。

＊あなたの個性がお金に変わるのです

もうひとつ、お金に関する考え方のコツがあります。あなたは、「お金を得るためには嫌なことを我慢して、努力の末にその報酬をもらう」と思っていませんか？　子どものころからの教育の中で、ほとんどの人がその苦しい思考を背負ったまま大人になっています。その反面、楽しそうに楽に収入を得ている方も最近は多くなってきました。スピリチュアルな情報が普通に流れ込んでくる時代になって、そこで発信されているお金のエネルギーの話に興味を持たれた皆さんが、お金の引き寄せを実践されるようになったのでしょう。「どれだけ使っても貯金の残高が減らない！」と、夢のような体験を発信していらっしゃる方までいます。好きなことをしてお金を得るなんて、苦しい囚われのある方には心がザワザワする言葉ではありませんか？　でも本当は、これが一番自然な方法なのです。

人にはそれぞれの役割があるからこの世に存在しているということは、何度もお伝えしていますが、その役割って何でしょう？　実はそんなにたいそうなことではなく、シンプルに「**あなたが好きなこと・得意なこと**」にヒントがあります。好きなことがわからなければ、過去に人に褒められたことを思い出してみてください。歌がうまい、お料理が手早い、メイクがうまい、笑顔が素敵、部屋がきれい、手先が器用、楽器が弾ける、センスがいい、何かありますよね？　あなたが褒められたことは、その人には出来ないことです。できないことだから、相手はそこに気が付いて褒めてくれたのです。余分な謙遜をして、せっかくの称賛の言葉を突っ返さないでくださいね。

歌でもお料理でも、得意な人はサラッとできてしまいます。普通は教室に通ったり練習したりしないと上達しないものが、苦労しなくても感性でこなせてしまうのです。それが天性の才能で、人生の役割にも繋がっています。

例えば、歌がうまく歌える人は歌うことが好きでしょう。人前でどんどん歌って披露してください。その歌を聴いた人は、何かを感じます。感動したり、自分もうまく歌いたいと思ったり、新しい何かが芽生え、それがプラスのエネルギーとなり、そのエネルギーが形を変えて循環するのです。直接的にお金に変わらなくても、その歌声のファンが増え、その評判が音楽関係者の耳に入りライブ活動の道が開かれたとします。そして好きな歌を歌う機会もどんどん増えて、プラスエネルギーが増大していくと、最終的にはお金に変化せざるを得なくなるでしょう。

あなたが得意なことを積極的にオープンにシェアしてください。初めからその価値をお金と等価交換してもＯＫです。「まだそんな自信がないわ…」と思うのなら、少しだけでもいただきましょう。**そしてそのお金を自分のために貯めるのではなく、他のサービスを提供してくれる方に感謝をもって差し出すのです。感謝の気持ちと共に世の中に循環させるのです。すると、またあなたのもとに気持ち良く戻ってきます。**

この感覚がわかってくると、お金に対する見方が変わり、不足をするという恐怖がなくなります。不足という恐れはため込む意識を創り、減るのが怖いという現実をも引き寄せてしまいます。お金のエネルギーを滞らせないでください。循環させることで、あなたも含め、すべての方のところへ廻りやすくなりますから。

＊お金で幸せは買えますか？（1）

「お金がなくても幸せ」

「いや、お金がなかったら幸せになれるはずがない」

この質問の答えは、永遠のテーマです。明確な回答をお伝えしたいところですが、その方の人生のテーマによって違うという曖昧な返答しかできません。ですが、少し角度を変えてお答えするなら、「お金があってもなくても、幸せになれる人となれない人がいる」というのは、はっきりと断言できます。その人がどんな環境であれ、幸せを見出す感性を養うことが幸せとお金についての関連性をクリアにする方法です。

私自身は、貧困の感覚と裕福な感覚の両方を経験することがこの人生で必要な経験でした。ですから経験上、経済的には豊かな方が生きていきやすいとお伝えしていますが、それがすべてではないとも思っています。もっと視野を高く上げれば経済的に豊かでなくても幸せに生きている人がいることも認めています。

昔、お金が足りなくて生活も気持ちも荒んでいたころ、何とか楽になりたくて、せめて精神世界の中にそのヒントがあるかもと、清貧の思想で崇高な気持ちを持とうとしたことがありました。無駄なものは買わない、贅沢しない、節約して、食事も粗食を心掛けて、家族が仲良く健康で笑顔があれば十分幸せじゃないか…。小さいけれど平凡な人生に感謝して生きていこう。本当にその通りだと思います。そこに幸せを感じることができたら、それが人生の答えだと、そう思えるように努力をしました。夫の持ってきてくれるお給料に感謝して、足りない分は自分がパートを残業して補って、それでも足りないので節約して。夫がゴルフに行くと言えば、内心は「そんなお金ないよ〜」と悲鳴を上げているのに、夫の顔をつぶしてはいけないと、笑顔で子どもの教育費からお金を渡す。

まだ、ピュア・スピリットの存在を知らなかった当時の私は、自分が犠牲になっても良い妻を演じることが正しいと思い込んでいました。でも、暮らしは一向に良くなりません。子どもが塾に行きたいと言っても行かせてあげられないし、身体に良くないとわかっていても上質な食材を食べさせてあげられない。パートも忙しくて身体も心も疲れ果て…。「もう、清貧の思想も良い妻も神様もどうでもいい！　とにかくお金が欲しい！」と心の底から渇望しました。

＊お金で幸せは買えますか？（2）

「生活するにはお金がいる」

そんな当たり前のことが、上辺だけの信仰を持っていた私には、わからなかったのです。「お金なんてなくても、愛があれば乗り越えていける」。そんな愛をずっと求めて実現させようとしていたのです。しかし、残念なことに精神的・経済的にゆとりがなければ、愛を育む感性もくもってしまうことを知りませんでした。スピリチュアルとか愛とか神を求め知るには、心の静寂が必要で、衣食住などの基本生活がザワザワしている状態では、そんな感性にはほど遠い状況です。以前の私のように、信仰がただの逃げになってしまう恐れがあります。**物質社会である以上、精神論だけでは幸せになれません。**お子さんがいる家庭ならなおのことです。子どもの生活・教育を守るのが、親の責任ですから。

本題に戻りますが、お金の有無と幸せ感については、基本生活の安定がなければ幸せと感じ続けるのは難しいのではないでしょうか？ 億万長者の方とそこその年収の方の場合は、どちらも同じだと思います。最初に述べた、幸せを見出す感性によるのでしょう。ちなみに私自身は、お金で幸せは買えると思っています。お財布に余裕があれば、家族・友人に喜んでもらえ、楽しんでもらう機会がたくさんできます。細かいことでいがみ合うこともありません。自分を大切にもできます。たまには思い切った贅沢を味わって、地球の美しさや美味しいものに出合ったときに、人生に対して心から感謝の気持ちが湧いてきます。心から感謝の気持ちが湧き上がる…そんな瞬間こそ、私がずっと求めていた愛そのものなのかもしれません。苦しい時代を乗り越えた今、そんな風に感じています。

スピリチュアル・シンキングについて

＊「願えば叶う」とか「引き寄せ」とか信じられません

あなたは、引き寄せの法則を使いこなして、すべての願いを叶える人生にしたいですか？　まずは、そこからです。「そうなったらいいな～」と思いながらも、心の底では「そんなことあるわけがない」と否定していたり、「そんな簡単に幸せになってはいけない」と決めつけていたり…。それでは、望みが叶うわけがありませんよね？　ギフトがやってきたとしても、自ら受け取り拒否の状態です。深層心理の中に、「自分は幸せになってはいけない、幸せは苦労と努力の末に手に入るものだ」という擦りこみがあるのです。幼いころ「おまえはダメだ」と言われた言葉を今でも大切に握りしめていませんか？　「～だったらご褒美に～してあげる」と、人参をぶらさげられた馬のような気持ちで努力をしたことはありませんか？　幼いころのほんのちょっとした出来事が、今のあなたに影響しているのです。

太陽がいつでもサンサンと光のエネルギーを降り注いでくれているように、大いなる存在・神も、すべての人に同じように気付きのきっかけや成功へのチャンスを与えてくれています。清々しい高原に咲くひまわりのように太陽に向かって咲き誇り、「気持ちいい、私は幸せだ～！　この世は最高」と体中で光を浴びるのか、太陽に背を向け木陰の湿った土に埋もれ、今にも根腐れしてしまいそうな環境で「どうせ私になんて…」といじけているのか。

どちらを選ぼうが、太陽の光は常に私たちに平等に降り注がれています。

「こんな私なんて幸せになっちゃいけない、なれっこない」なんて、一見謙虚な考え方に思えますが、実はそれは傲慢な考え方なのです。太陽のお話のように、すべての人が平等にエネルギーを受け取っているはずなのに、「私だけは、幸せになれない特別な存在です。なので、私にはもっとＶＩＰな方法で特別扱いをお願いします」といっているようなもので、それはちよっと厚かましいですよね。今のままの、ありのままの自分を受け入れて認めてください。自分の価値に気付いてください。そして、一番大切なのは、行動すること。いくら頭で考えていても、心で願っていても、行動しないと何も起こりません。引き寄せの実感がほしいのなら、何を引き寄せたいのか具体的にイメージして、手に入ることを許可して、叶ったときの気持ちになって行動してください。時間差はありますが、あなたにとって必要なものならば必ず引き寄せの法則は動き始めます。何度もお伝えしますが、あなたが行動をすることで新しい風が吹き、それがミラクルの追い風となるのです。

＊カルマってありますか？　解消できますか？

カルマとは、〈行い・業〉といわれるもので、「過去世での行為は、良い行為にせよ、悪い行為にせよ、いずれ必ず自分に返ってくる」という因果応報の法則です。過去世の行為…といわれても、今の自分には記憶がないし、そのために今世で苦しむなんて、なんだか理不尽な気がしますよね。

修行を積んで悟りを開いた聖人のような意識なら、今世でのカルマ解消のために徳を積む生活もできるでしょうが、まだその境地にたっていない私たちには、なかなか難しいことでしょう。ならば、ずっとそのカルマに苦しみ続けないといけないのでしょうか?

私がスピリチュアルな思想を学び始めたころは、「過去世のカルマごとがあなたの運命なので、それを受け入れるところから人生の学びがある」と謳われていました。ですが、時代の変化とともにカルマに対する考え方も変わってきたように思います。もちろん過去世での行いが、今の人生に影響しているということはあるでしょう。しかし**「自分の人生だけど自分ではどうしようもない決められたレールがある」と知ることで、大いなる存在・神に対しての畏敬の念を呼び覚まされ、次にそれに対する感謝の念こそが、カルマの解消にもっとも大切な気持ちなのです。**

誰でも、良いことがあったら感謝の気持ちは湧き出てくるでしょう。でも、嫌な出来事が起こったときに感謝の気持ちが持てるでしょうか? そこが、ポイントなのです。災難や苦難が降りかかったときに、「あぁ、この状況は自分にどんなメッセージを送ってくれているのか? それがわかったときには、今よりも良い方に向かえるんだ」と、自分を信頼しその状況に感謝をする。良いことが起こればなおのこと、「おかげさま」と感謝する。その感謝の念こそが、カルマの解消にダイレクトに繋がっていくと思います。

私には乗り越えなければならないカルマがある…と重く荷物を背負いながら生きるのも、身に起こるすべてに感謝をして温かい心で生きるのも、どちらでも良いのです。すべてあなたが決めればよいのです。

*スピリチュアルな生き方がわかりません

スピリチュアルな世界を求め始めると、神秘体験とか特殊な感性を体験するほど高みにいけるような感覚がありますよね。何かが見えたり、メッセージが聞こえたり、予言できたり…。確かに、そういった感性は素晴らしいもので、そういった能力を持っている方たちを通して高次の意識と交信することで、私たちは導いていただいています。ですが、忘れていただきたくない大切なことがひとつ、すべての人がスピリチュアルな世界で生きている。すべての人が大いなる存在・神と繋がっているということ。スピリチュアルに生きるとは何も特別なことではなくて、普段の生活の中に奇跡を感じながら、与えられた日々を慈しみながら生きるということです。

毎日の多忙な生活の中で、感謝を忘れそうになったときには、自分に戻るために静かなところで目をつむり、頭をからっぽにしてプチ瞑想するとか、イライラするときには、自然のクリアな空気の中で深呼吸をしてリフレッシュするとか、それでも充分なスピリチュアルな生き方です。地球という星についてじっくりと思いをはせてみてください。生き物・植物・人間についてももっと知ってください。私たちが生きるために計算しつくされたこの世界の奇跡を感じてみてください。

毎日を丁寧に生きていると、日常のふとした瞬間に、感謝の念が湧き上がってきます。何気ない日常にこそ、奇跡のスピリチュアルがあるのです。そして、自分の中に自分だけの神性があることも知ってください。

目に見えない世界に興味を持つと、特別な能力のあるスピリットリーダーのような方に自分とは何かという答えを求めにいきたくなります。もちろん、いろいろなアドバイスを聞いて参考にすることは大切ですが、本当の答えはあなた自身が知っているのです。「あなたの知らない秘密を教えてあげるから、いつでも、私に聞きに来て」と依存させるリーダーは、あまりおすすめできません。**本物のメッセンジャーは、こう言うでしょう。「私がお伝えするのはここまでです。あとは自分で感じて、自分を信じて、自分で歩きなさい。あなたにはその力が宿っています」と。**

カウンセラー、ヒーラー、セラピストなど、魂のケアをされる方も最近はとても増えてきました。これからはもっともっと増えて、癒やしは特別な能力ではなくなり、最終的には誰もがお互いを癒やし合う世の中になるといわれています。今、地球はそんな、優しい波動の世界に向かっています。もうひとつの地球は、苦しみに満ちた世界にも向かっています。どちらに行きつくのか？それは、私たちの意識にかかっています。

一人でも多くの方が、スピリチュアルな生き方に気付き、愛と感謝を感じることができたなら…。まだお会いしたことはないけれど、あなたも私もその担い手として繋がっているのです。

＊当たり前という洗脳

人に迷惑をかけず、正しく生きましょう。誰しもが、幼いころから学校や周りの大人たちに、そう教えてもらってきたでしょう。そして、それに見合うような言動や行動の在り方で、人としての評価がされてきました。「人と同じが正しい」「普通はね」「常識だよね」と、多数決で価値観や基準が決まる世の中。でも、その人として当たり前の価値観が、あなた自身を見えない鎖でぐるぐる巻きにして、狭く固い牢獄のような人生にしてしまっているのです。今までのあなた自身の経験も無意識に制限をつくっています。過去にいやな思いをしたことや、失敗をしたシチュエーションが記憶としてすり込まれ、同じような状況になると無意識にその情報を当てはめてしまいます。それでは、無限の可能性の扉に気付けず、いつもと同じ反応になってしまい変化を起こすことができません。

変化を起こせないということは、いろいろなプロセスを経験できないということなので人生の一番おいしいところを味わえなくなってしまいます。それは、最ももったいないことです。**日々の生活の中でちょっとした出来事に対する自分の反応（感情）を意図的に変えてみるだけで、過去からの決まったレールの行く先を、新しい目的地に変更が可能なのです。**例えば、「離婚」という文字を目にしたとき、あなたはどんな感覚を持ちますか？　不幸、失敗、恥ずかしい、負け組、貧困…というようなマイナスのイメージがあれば、あなたにとって離婚はそういうものなのです。自分がそう思っているということは、あなたにとってそれが常識なので、周りの人からもそんな風に思われたくないという思考から、とても離婚なんてできないでしょう。でも、あなたがそれを常識と思っているだけで、そうではない人もいるかもしれないのです。

先日、仕事関係の知り合いが私の耳元で、「お恥ずかしい話なのですが、先月、離婚したんですよ…」と小さな声でささやきました。「良かったですね！　新しい人生のスタートですね」とお返事したら、バツの悪そうだったお顔が一瞬でパッと明るい表情に変わられました。私には離婚経験があります。離婚する前は、やはりいろいろと考え悩んだこともありますが、お互いの人生を大切に思ったとき、もうこれ以上一緒にいないほうが良いという結論で勇気を出して別れました。それから数年、あのまま我慢して結婚生活を続けていた未来のレールからは考えられない、幸せな今があります。離婚して良かったと本心から実感しているので、私は離婚に対して、勇気、希望、新しい自分、可能性、未来、経験…といったワクワクしたイメージがあり、そしてそう決断した方に「大丈夫エール」を贈りたいのです。

離婚した後の人生がどうなるかも、当人が抱いている感情や考え方にしたがって創造されていきます。「あぁ、母子家庭になってしまった。これからは、ひっそりと地味に生活していかなければ。お金がないから、養育費だけはきっちりともらえるように子どもとの面会の条件でも立てて公正証書にしておこうか」など、恐怖や恨みの意識を持っていると、せっかくの新しいスタートを台無しにしてしまいます。生活が心配で、わずかな養育費を手放せないでいると、前の夫との間のいがみ合った波動をまとったままで、良いことは一つもありません。何もかもすっぱり断ち切って、新しい人生を歩みだしたほうが良いのです。最近、離婚の相談の数は増えてきています。

しかし皆さん、やはり生活費のことで一歩踏み出すのを躊躇されます。私の経験からのアドバイスも「あなただからできたのよ」と、聞き入れていただけない方も多くいます。そう言ってしまったら、希望も何もないですよね。そんな方には「では、そのまま辛抱して生活するしかないでしょう」とお答えします。だれも、あなたの人生を保障などしてくれません。はじめに戻りますが、人の意見に右往左往するよりも、自分の考え方や気持ちを優先して、「私はこう思う。でも、あなたはそう思うのね?」と胸をはって生きていきたいものです。もう立派な大人なのですから。

*メッセージは感じるもの

私たちは言葉や視覚の他に、感覚を使って人とコミュニケーションをとっています。そして、人や動物や植物、鉱物、水など、物質のすべてを極小単位まで細かくしていくと、素粒子という最小単位に行き着き、その素粒子がいわゆる波動エネルギーと言われるものでもあります。波動エネルギーは万物の持つ振動であり、感情や意識など目に見えないものでも例外ではありません。これは、量子力学の分野では常識となっています。目に見えない世界というと、胡散臭くて全く受け付けないといわれる方もいますが、携帯電話が繋がる便利さもTVを見て楽しむ時間も、目に見えない電波の恩恵を受けているわけですよね。目には見えないけれど存在するものは確実にあるのです。

有名な話で、「ありがとう」と書いた紙を貼ったグラスに入れた水の結晶は見事なまでに美しく、「ばかやろう」と書いた紙を貼ったグラスの水には結晶ができないとか、一輪のバラの花に「綺麗だね、ずっと咲き続けてね」と毎日話しかけるのと、何も話しかけないで無視をしたバラでは花の持ちが明らかに違ってくるとか聞いたことはありませんか？　なぜ、そんな不思議なことが起こるのでしょう。それは、私たちの言葉や想いの波動が、水や花に影響を与えたのです。私たちの生活の中でも波動を感じる場面はよくあります。

例えば、ホテルの部屋に入った瞬間に、何か嫌な感じがしたことは誰しも経験があると思います。それは、前に泊まった人が気分的にイライラしていて、その波動が残っていたのかもしれません。他にも、友人と楽しく食事をしているときに、別の友人が部屋に入って来たとたんに何故か雰囲気が変わってしまったというような経験をしたことがあると思います。雰囲気も立派な波動ですから、すぐに影響を受けるのです。**良い気持ちでいると良い波動を発し、それと同調する波動が引き寄せられ、さらに良いことが起こる…。それが、シンプルな引き寄せの仕組みです。**

常に良い気分でいるのが難しければ、自らが良い気分になる工夫も必要です。外的要因に自分の気分を乗っ取られていませんか？　嫌なことがあったら、目をつむって大きく深呼吸、自分の感情を知り、認めてください。そして落ち着いたら視点を変えて見てみると、マイナスの出来事がプラスの出来事だったことに気付きます。そうやって、**自分の内面と向き合うことが習慣になってくると、直感というメッセージが受け取りやすくなります。直感は大いなる存在・神からのメッセージです。**ふと、言葉が浮かんだり、何気なく見ていたテレビから聞こえてきたり、方法はさまざまですが、神からのメッセージだとすぐにわかります。そういった経験をすればするほど、愛と感謝にあふれた人生を実感するでしょう。心を澄まして、神からのメッセージを感じてください。

ソウルメイトについて

＊ソウルメイトに出会うには？

ソウルメイトって、素敵な響きですね。魂からの繋がり…。会った瞬間にビビッと恋に落ち、大恋愛の末に永遠の愛で結ばれる…。女性なら誰しもが憧れるストーリーでしょう。でも現実は、そんなソウルメイトに出会うために「この人は違う…あの人も違うな…」なんて、うまくいかない恋愛を繰り返してしまうものです。

ですが、スピリチュアルな世界でのソウルメイトといわれる存在は、少し違う意味をもっています。今までに出会った、あなたに何らかの影響を与えた人は男女関係なく、すべてソウルメイトです。それは、良い影響も悪い影響もどちらもです。そもそも、良いも悪いもあなたの価値観なので、その経験を与えてくれた、といった方が良いのかもしれません。

私は輪廻転生、魂は永遠であると信じています。魂は何度も何度も生まれ変わって、さまざまな人生を経験しています。その中で関わりを持つ、魂のグループがあって、そこに属するすべての魂をソウルメイトというのです。役割をいろいろと変えて、摩擦を起こしながらお互いの魂を磨き合い、役割が終わったら離れていったり、今世をかけて磨き合いを全うしたり…、私たちが憧れるロマンティックな関係にはほど遠いようですね。

その中でも、ツインソウルという最も深い結びつきの関係があります。ツインソウルとは、もともと一つだった魂が、進化・成長するために二つに分かれた魂のことをいいます。なので、実際にツインソウルの片割れと出会ったときには、「やっと会えた」という再会という感覚や懐かしさ、そして安堵感が伴うものです。魂が喜んで、涙が溢れ出てくることも少なくありません。でも、今世でツインソウルと必ず再会できるとは限らず、そこには条件があるのです。

ツインソウルが二つに分かれた意味は、進化・成長をするために分離しました。ということは、お互いが別々の経験のなかで進化・成長をとげ、同じレベルになっていないと再会できないのです。**人生において、大きな試練を乗り越えて、人間成長・霊的成長した後に、ツインソウルとの再会は待っています。**

この人がツインソウルだとわかるサインは、「一緒にいると落ち着く、二人きりで黙っていても苦痛じゃない、人生のバイオリズムが重なっている、感覚や感性が似ている、不思議なシンクロで出会った…」などありますが、何と言ってもあなた自身がそれを感じるでしょう。今までの出会いには感じなかった何かを、魂が教えてくれます。

今世でツインソウルと再会するには、自分の人生を見つめなおし勇気を持って前向きに生きる。そこには、あなたの勇気が試される試練や軋轢が待ち受けています。私に課せられたお試しは、病気・離婚・シングルマザーからの真の自立でした。そして、その試練を乗り越え、自分の使命に気付いたところで、お互いの魂が引き寄せあった出会いがありました。不思議なことに、私の人生においても、彼の人生においても、新たなステージに上がるベストなタイミングでの再会でした。人生において、一つの目標をやり切ったときでなければ、私に男性とお付き合いをするという選択肢はなかったでしょう。あなたの魂の片割れも、あなたと再会するために、どこかで進化・成長の道を歩んでいます。そして、お互いがさまざまな経験をして、再び一つになる日を待っているのです。

人生は、親・夫・子ども・友人知人、そういったソウルメイト同士の人間関係の中で、魂は磨かれ成長していきます。そして約束したレベルになったころ、離ればなれだったツインソウルと再会します。今世で再び会えるよう、あなたらしく直感を大切に生きてください。直感は魂からのメッセージです。

＊愛されていることに気付いてください

人生においてベストなパートナーと出会いたいのなら、まず自分が愛される価値のある人間だということを認めてください。そして、自分自身を大切にしてください。どんなに素敵な彼が現れても、自分を卑下したり、ぞんざいに扱ったりしては幸せにはなれません。勘違いしやすいのですが、自分を大切にするのと自己中心的な在り方は全く違います。何度もお伝えしていますが、あなたがこの世に生まれ今日まで生きてきたのは、奇跡の連続です。当たり前に明日が来ると思っていますが、それも奇跡です。命に関わる病気や事故にあったことのある人なら身を以てそれを実感されているでしょう。

私たちは、大いなる存在・神から奇跡という名の愛で守られています。時には、絶望や困難というエッセンスで、本来のあなたへと導びき、歓喜や楽しさを通して愛を表現されます。私もあなたも彼もお友達もちょっと苦手なあの人も、すべて平等に同じくらい愛されています。大いなる存在・神からの自分への愛を受け入れた人は、自分以外の人も同じように大いなる存在・神にとって大切な存在である、と気付くのです。すると、すべての人の人生が愛おしく思え、あなたも愛の人となるでしょう。**自分も大切、あなたも大切…でも、責任を持てるのは、持たないといけないのは、自分自身の人生のみ。あなた自身の人生を誰にも責任転嫁はできません。あなたの中に在る大いなる存在・神との歩みなのです。**

あなたが奇跡の愛を実感すると、あなたの波動（オーラ）が変化し、考え方も発する言葉も違ってくるので、印象も変わります。柔らかな優しさの中に凛とした輝きを放つ素敵な女性になり、あなたの波動（オーラ）が変わると、出会う男性も変わってきます。そしてお付き合いしていく中で、価値観の違いや誤解など、さまざまなお試しのような出来事が起こります。

結婚への道のりには、そのお試しを一つひとつ乗り越えていって、やがてお互いの理解者となり生涯を共にする相手というステージに上がるというプロセスが必要なのですが、そういったお試しに対しても、平等な愛の視点から判断できるようになると、感情に任せた自己主張の争いがなくなりますので、あなたの存在は彼にとって、安心感と安らぎのある大切な人となるでしょう。

もちろん、私も普通の女性ですので、今でも感情をおさえきれずパートナーと喧嘩をすることもあります。ですが、平等な愛の視点を持ててからは、自分の気持ちを整理するのが楽になったように思います。「私は自分の人生が大切です。だから、一緒に歩むパートナーも大切です。パートナーの人生も大切です。ならば、私と異なる選択をした意味を彼に聞いてみよう。二人で生涯を共にしたいなら、こんなことでいがみ合っている場合ではない。一緒にいられる限られた奇跡の時間を幸せに過ごしたい」ほとんどの問題は、この気持ちを思い出すことで解決していきます。

＊もし、最後だとわかっていたら…

人がスピリチュアルの世界に興味を持つようになるきっかけはなんでしょう。あなたの場合はいかがですか？　身近な方の他界、失恋・離婚・病気・不思議体験・占い・幼いころからの興味。人それぞれさまざまでしょう。スピリチュアルの世界に全く興味のない方もいますが、それはそれで良いのです。良いも悪いも正しいも正しくないもないのなら、スピリチュアルって一体何？　というメビウスの輪にはまり込んでしまいそうですよね。

私も「本当のことを知りたい」という思いでスピリチュアルな世界を探求し、迷いながらも、いろいろなことを学び、知り、経験してきました。そして、ひと回りほぼ終えたかな？　と思える今、**「本当のことなどなく、すべてがそのままでいい」**という私なりの答えに落ち着いたと感じます。スピリチュアルに生きる人はそうなっていくだろうし、成功する人はそうなっていくだろうし、幸せになる人はなるだろうし、今、本書を手に取って読んでいただいていることも何か意味があるのだろうし…すべてプロセスの途中。**全部、その人自身の中から生まれるエネルギーが采配しているのです。心配しなくても、あなたのピュア・スピリットがすべて知っています。**

「これが最後かもしれない」

朝、家族を見送るときにこの気持ちを思い出したなら、昨日の喧嘩もちっぽけに思え、自分の本当の気持ちを伝えたくなるでしょう。「昨日はごめんね。あなたのこと大切に思っています」と。友人との関係でも今まで一緒に居た時間が愛しく、彼女の存在自体が感謝だと気付くでしょう。最後の食事だとわかっていたら、一口ごとに味わってその美味しさに感動するでしょう。夕日の中に神を見るかもしれません。**自分の人生の尊さを知ることが、ピュア・スピリットの存在との繋がりです。あなたの中に在る純粋意識、それは、すべての可能性が含まれるエネルギー。**

常にあなたと共にいて、守り導いていく源。自分を信頼して、自分の人生に希望を持ってください。そして考え方を前向きに、勇気を出して行動する。自分は神様に守られていると素直に認めることができたなら…あなたは大丈夫です。一度きりのこの人生を、あなたらしく自由に謳歌し尽くしてください。

It's a wonderful life!

Column 6

まずは自分を大切にしてごらん

自分を信じてごらん

まずはそこから

この世の中が作り上げたルールの中で、

自分を裁きながら生きるとき…

他者の価値観の中に自分を当てはめながら生きるとき…

あなたの魂は輝きを失ってしまうから

自分で自分を痛めつけないで…

自分の本当の本当の本心に従うことが、自分を大切にすること

そして、自分も天から愛され守られていると信じることが、

自分を信じること

その二つ…

たったその二つを思い出し、

そして自らが愛そのものになっていく

大丈夫だよ

今苦しいのはあなたが輝くことを思い出せたから

今は何も考えないで…心のままに泣いていいよ

あとがき

最後まで読んでいただきまして、ありがとうございました。

自分の人生を試行錯誤する中で、感じ知り得たさまざまな情報・私なりの真理をこうして皆様に共有できることを大変うれしく思います。私が伝えたいこと、それはこの世界に生きている方々みんなに幸せを感じてほしい…、思うままに生きてほしいということです。

しかし、この現実世界を変えていくには、まずは自分の現実の在り方を変えていくしかありません。今までの考え方から、幸せになる考え方にシフトを合わせて、勇気を持って新しい扉を開き続けるのです。でも、その扉は自分で開くことしかできなくて、最愛のご主人でもご両親でも信用のおける友人でもあなたの代わりにやってはくれないのです。自分で決めて、自分で行動。感謝を持ったスピリチュアルな考え方を基準に動くのです。


あなたは今、自分が生きていることに感謝を感じられますか？ あなたがここまで生きて来られたのは、幼いころに有り余るほどの愛情を受けてきたからです。目の前を見回してください。

視界に入るものすべて、どこかの誰かの想いや労力が創り上げたもののはずです。そして自然を感じてください。

太陽の光、心地よい風、恵みの雨、美しい花、新鮮な緑、ありあまる空気、生命の源の海、栄養となる食べ物、慈しむ動物、無限に広がる空、優しく照らす月、そして知恵の枠を超えた宇宙…。ありとあらゆるものが、ベストなバランスで人間を守り楽しませてくれています。それらは神の愛としか思えません。そう感じたとき、私は今まで「自分で生きてきた」と思っていた自分の傲慢さが恥ずかしくなりました。

目に見えない世界が、現実に目に見える世界に大きな影響をおよぼしていることを覚えておいてください。

新しい考え方で新しい扉を開くのはとても怖いけれど、自分を信じるしかなくて…、この葛藤こそが本当の自分との出会いだと思います。そして、自分自身の中に在る純粋な意識を私なりにピュア・スピリットと表現しました。世界中の人々は皆、愛されています。そしてそれぞれの人生を自分らしく悔いのないように謳歌して生きることが、生まれてきた使命だと思います。

生きるって、結局は自分自身との対話
自分で決めて自分で責任を持つ、それが自由
誰一人としてあなたと同じ人生はない、あなた自身が天からの愛情
その愛情に気付き、自由に生きることが感謝
はかりしれない何か、すべてに感謝
ありがとうございます

最後に、出版のチャンスをくださったMID-FMプロデューサー田所宏祐さん、名古屋リビング新聞社の高木博美さん、中島幸子編集長、すてきなイラストを描いてくれたmonoeriさん、サポートしてくれた娘の綾乃&最愛のパートナーPUREMAS、そして大切な仲間たち！　本当に感謝の気持ちでいっぱいです。みんなで幸せになろうね！

あなたの中の「Pure Spirit」
目に見えない世界と現実の関係

2015年12月1日　初版第1刷発行

著　者　　Pure Maria
発行者　　小堀　誠
編集者　　中島幸子(名古屋リビング新聞社)
　　　　　小出絵津子(名古屋リビング新聞社)

発行所　　株式会社MID-FM
　　　　　〒460-0007 名古屋市中区新栄1-6-15
　　　　　☎052(238)9555

発売元　　株式会社流行発信
　　　　　〒460-8461 名古屋市中区新栄1-6-15
　　　　　☎052(269)9111

装丁・デザイン　小林孝枝(日本プリコム)

印刷所　　株式会社シナノパブリッシングプレス

定価はカバーに表示してあります。
乱丁・落丁本はお取替えいたします。

ISBN 978-4-89040-269-4